Horst-Peter Meyer · Dancing In The Street, Motown – Sound Of The Sixties

Horst-Peter Meyer

DANCING IN THE STREET

MOTOWN

SOUND OF THE SIXTIES

Sonnentanz-Verlag

Horst-Peter Meyer

Dancing In The Street, Motown - Sound Of The Sixties

Dank habe ich abzustatten:

- vor allem und ganz besonders bei Martina, ohne die es dieses Buch schlicht nicht geben würde.
- bei Dörte Wilbrand für unverzichtbare Hilfe bei den Übersetzungen.
- bei Bettina Dreier für den wunderbaren Titelentwurf.
- bei Christine Fahsing, Michael Höhne, Ralph Otto, H.D. „Molto" Romeike für Hinweise, Geduld und Ermutigung.
- bei Michael Schmelich und Michael Schacke für technische Unterstützung.
- sowie bei Michael Eberhardt (Polygram, Hamburg), Mechthild Hahn und Christiane Lembert (Sonnentanz Verlag), beim Blizz Stadtmagazin, Kassel und beim Tips Verlag, Bielefeld.

ISBN 3-926794-23-2
1. Auflage Februar 1995

Lektorat	Christiane Lembert
Umschlag	Bettina Dreier, Tips Verlag, Bielefeld
Werksatz und Lithografie	Büro für Gebrauchsgrafik, Maximilian Ruf
Druck	Sonnentanz-Druck, 86153 Augsburg
Bindung	Buchbinderei Nöth, D-86154 Augsburg

Fotonachweis:
Leider war es dem Verlag nicht möglich, die Inhaber der meisten Abbildungsrechte zu ermitteln. Wir bitten die Inhaber von Bildrechten, sich beim Verlag zu melden.

Inhalt:

Mythos Motown 7

1. Der Ehrgeiz des Boxers 9
   Dynamic Detroit 10
   Der schwarze Unternehmer 16
   Die Motown Familie 24

2. Hits vom Fließband 33
   Ghetto und Glamour 34
   Hitfactory 40
   Stars und Macher 46

3. The Sound Of Young America 63
   Schwarze Sounds zwischen Memphis und Chicago 64
   A Brand New Beat 73
   Epigonen und Erben 78

4. Das Ende einer Ära 89
   Medienkonzern Motown 90
   Nur irgendeine Plattenfirma 94

5. Totengräber oder Blockadebrecher? 97

6. Anhang 103
   More Motowner 104
   Stammbäume 123
   Discographie 131
   Literatur 143
   Über den Autor 145

*Motowns Firmensitz am 2648 West Grand Boulevard, Detroit,
in den 60er Jahren - heute ein Museum*

Motown ist ein Mythos: Ein amerikanischer Mythos, ein politischer Mythos, ein musikalischer Mythos. Er handelt von einem Detroiter Fließbandarbeiter bei Ford, der zum Multimillionär wurde. Er handelt von einem Schwarzen, der in einer weißen Gesellschaft eine schwarze Firma gründete, die von Schwarzen geführt wurde, Produkte von Schwarzen herstellte und sie erfolgreich an die ganze Gesellschaft verkaufte. Er handelt von einer Musik, von einem Sound, der über die Zeit seines Entstehens hinaus die Massen faszinierte und viele Musiker bis heute nachhaltig beeinflußt.

Wie bei jedem Mythos mischt sich hier Wahres und Vermutetes, Tatsächliches und Verklärtes.

Ohne Zweifel verwirklichte sich der farbige Fließbandarbeiter Berry Gordy jr. seinen Traum von Reichtum, Erfolg und Anerkennung. Ohne Zweifel ist der ungeheure Erfolg der unabhängigen Plattenfirma *Motown*, die zu einem großen Teil von Schwarzen geführt wurde, deren Künstler zu einem großen Teil Schwarze waren, deren Spielart der schwarzen Musik zu einem großen Teil von einem weißen Publikum gekauft wurde, angesichts rassistischer Vorurteile im Amerika der 60er Jahre erstaunlich und bahnbrechend gewesen.

Es vergeht auch heute noch kaum ein Tag, an dem nicht im Laufbahnprogramm irgendeines Radiosenders eine *Motown*-Komposition gespielt wird. Ehemalige *Motown*-Stars wie Michael Jackson oder Stevie Wonder spielen auch heute noch in der Oberliga der Charts. Weiße Hitlieferanten wie Phil Collins oder Rod Stewart erweisen dem *Motown*-Sound und den unzähligen Hits aus der Detroiter Talentschmiede regelmäßig ihre Referenz; Rod ‚The Mod' führte mit seiner nostalgischen Hymne „The Motown Song", bei der er sich überdies von den *Motown*-Veteranen The Temptations begleiten ließ, im Sommer 1991 wochenlang die Hitparaden in aller Welt an. Trendsetter von Terence Trent D'Arby bis Jamiroquai huldigen auf ihren Alben den Stars, den Songs und dem ‚Sound Of

Young America', mit denen *Motown* in den 60er Jahren Hitparaden und Tanztempel gleichermaßen beherrschte.

Doch die polierte Fassade der großen, fleißigen und kreativen ,*Motown*-Familie' hat längst Risse bekommen. Zu Beginn der 70er Jahre trennten sich viele Künstler oft im Streit von der Plattenfirma, die sie berühmt und in vielen Fällen auch reich gemacht hatte. *Motown* wurde zu einer Plattenfirma wie viele andere auch. 1988 verkaufte Firmengründer Gordy seine einstmals unabhängige Plattenfirma an den amerikanischen Medienkonzern *MCA*.

Der Mythos aber meint jene 15 Jahre des Erfolgs, von dem Tag im Sommer des Jahres 1957, als Berry Gordy den schwarzen Sänger und Komponisten Smokey Robinson kennenlernte, bis zum Juni des Jahres 1972, als *Motown* endgültig Detroit verließ und sein Hauptquartier nach Los Angeles verlegte.

Berry Gordy, Jr.

1.

Der Ehrgeiz des Boxers

Dynamic Detroit

Die ‚Motor Town' Detroit ist immer wieder zum Kristallisationspunkt der Hoffnungen und Träume des schwarzen Amerika geworden. Im vorigen Jahrhundert war sie nördliche Station der sogenannten ‚Underground Railroad', auf der viele Schwarze aus den Südstaaten den Weg aus der Sklaverei in die Freiheit nach Kanada suchten. Ihren Beinamen ‚Motor Town' erwarb sie sich in der ersten Hälfte dieses Jahrhunderts, als sie sich zur führenden Automobilstadt der Vereinigten Staaten entwickelte.

1901 eröffnete Ford sein erstes Werk in Detroit; erst ein gutes Jahrzehnt später, 1914, begann die Firma als erste vor Ort auch farbige Arbeiter einzustellen. Damit war Detroit erneut zu einem wichtigen Anlaufpunkt für viele Schwarze aus dem unterentwickelten Süden geworden, die sich eine Verbesserung ihrer schlechten sozialen Situation mit der Arbeit an den Fließbändern von Ford, Dodge, Studebaker, Packard oder Cadillac in der prosperierenden Industriestadt erhofften. Auch den späteren Boxer und Weltmeister im Schwergewicht Joe Louis hatte die Aussicht auf harte Arbeit und gute Dollars um 1920 aus dem ländlichen Alabama in die Autofabriken Detroits gezogen. Im Juni 1943 lebten bereits 200.000 Schwarze in ‚Dynamic Detroit'.

Die gemeinsame Arbeit am Fließband verdeckte vielleicht oberflächlich die Rassengegensätze zwischen Schwarz und Weiß. Im öffentlichen Leben waren sie jedoch unübersehbar: in den Krankenhäusern wurden die Neugeborenen streng nach Hautfarbe ‚sortiert', und der Anteil von Farbigen betrug z.B. bei der Polizei 1949 noch nicht einmal 2%. Detroit war also keineswegs ein integratives Paradies, wo allein die Arbeitsleistung den Wert des Menschen bestimmte, wie es manchem schwarzen Immigranten aus dem Süden erscheinen mochte. Im Jahre 1943, zur Zeit des 2. Weltkriegs, weigerten sich 55 von 185 Rüstungsbetrieben Schwarze einzustellen und bevorzugten stattdessen weiße Arbeitslose aus den Südstaaten, die ebenfalls in der Hoffnung auf Arbeit in den Norden gezogen waren. Die Rassen- und Klassengegensätze explodierten im Juni 1943 in einer der bis dahin blutigsten Unruhen der amerikanischen Geschichte, bei denen 35 Menschen umkamen; 29 davon waren Schwarze.

Wichtige Voraussetzung für ihre soziale Emanzipation sei der wirtschaftliche Erfolg - das hatte der gemäßigte Schwarzenführer Booker T. Washington Anfang des Jahrhunderts gepredigt. Daran glaubte auch der geschäftstüchtige Kleinunternehmer Berry Gordy sr., der Anfang der 20er Jahre mit seiner Frau Bertha und ihren drei Kindern Esther, George und Fuller aus Georgia in die dynamische Wirtschaftsmetropole gezogen war. Er kaufte im Schwarzenghetto auf der West Side Detroits ein Haus und ließ sich dort nieder. Mit steigendem Wohlstand mehrte sich auch die Kinderschar im Hause Gordy. Nach Robert, Anna, Gwen und Loucye kam hier am 28.11.1929 ihr achtes Kind zur Welt, ein Junge, der in alter Familientradition auf den Vornamen Berry getauft wurde.

Die Familie Gordy war zwar nicht direkt in die blutigen Unruhen von 1943 verwickelt, aber in ‚Pop' Gordys Gemischtwarenladen, den er zu jener Zeit betrieb und bezeichnenderweise ‚Booker T. Washington Grocery Store' nannte, bekam der damals 14jährige Berry jr. gewiß einiges von der aufgeheizten Atmosphäre mit, in der die Kunden die Ereignisse diskutierten; denn zu den Erziehungsprinzipien von Berry sr. und seiner Frau Bertha gehörte es, ihre acht Kinder frühzeitig im Geschäft einzuspannen. Im Gegensatz zu seinen Geschwistern konnte sich Berry jr. nie so recht mit dieser Art von Arbeit anfreunden, er ging wie viele Jugendliche seines Alters lieber tanzen oder hörte Platten. Aus dieser Zeit datiert denn auch Berrys Interesse für Musik; er gewann gar einen lokalen Talentwettbewerb mit einer Komposition namens „Berry's Boogie".

Auch wenn er sich nicht in die Tretmühle eines schlecht bezahlten Acht-Stunden-Jobs einspannen lassen mochte, bedeutete das jedoch keineswegs, daß er nicht daran interessiert war, Geld zu verdienen. Schon als Kind hatte er sich an Straßenecken als Schuhputzer betätigt, später übernahm er hin und wieder Jobs für seinen Vater. Einmal versuchte er sich zusammen mit seinem Bruder Robert in der Vorweihnachtszeit als Verkäufer von Tannenbäumen. Als am Weihnachtsmorgen einige Nachzügler in der berechtigten Hoffnung, die letzten Bäume seien vielleicht billiger, an seinen Verkaufsstand kamen, weigerte er sich beharrlich, den Preis herabzusetzen. Lieber wolle er sie verbrennen als etwas verschenken, erzählte er später.

Oft trieb er sich mit Gleichaltrigen in den Boxhallen herum, in denen schon Joe Louis trainiert hatte. Sein Erfolg, sein Ruhm und natürlich auch der damit einhergehende Reichtum machte den Braunen Bomber zu ihrem Idol, dem sie nacheifern wollten. So streifte sich auch Berry Gordy jr. die Boxhandschuhe über und trainierte - ohne sich allerdings zu überanstrengen, denn selbstbewußt hielt er sich für ein Naturtalent. Der Erfolg schien ihm anfangs recht zu geben. Mit 16 Jahren, als er die Highschool verließ, hatte er bereits 15 größtenteils erfolgreiche Kämpfe hinter sich und den festen Vorsatz gefaßt, Meister im Federgewicht zu werden. Doch der kleinwüchsige Gordy konnte auch mit Kraft und Ehrgeiz seine 1,60 Meter nicht wettmachen, und „1948, bei einem Kampf um den ‚Golden Glove' der Amateure", erzählt der Journalist Stuart Cosgrove, „saß er mit geschwollenen Augen und geschlagen in seiner Ecke und sah neidisch, wie sein Freund Jackie Wilson mit 16 das Weltergewichtsfinale gewann."

Gordy hängte frustriert die Boxhandschuhe an den Nagel und sah sich nach anderen Betätigungsfeldern für seinen Ehrgeiz um. Das Kronk-Gymnasium in Detroit, jene Boxhalle, wo er Wilsons Sieg miterlebt hatte, galt übrigens noch Mitte der 80er Jahre als eines der wichtigsten Box-Zentren der Welt, und dessen Stars huldigten auf ihre Art einem anderen Champion: sie nannten sich ‚die neue Motown Crew'. Denn ihre Art zu Boxen ist, wie es Stuart Cosgrove formuliert, „purer Berry Gordy: Boxe mit Energie, boxe mit Stil und vor allem: Tanze fürs Publikum!"

Ihr kommendes Idol war zu Beginn der 50er Jahre von Ruhm und Reichtum allerdings noch ein gutes Stück entfernt. Dennoch, mangelnde Energie konnte man ihm auch in jenen Tagen nicht vorwerfen. Begeistert vom aufkommenden Bebop lauschte er in Detroits Nachtclubs fasziniert den aufregenden neuen Klängen von Charlie Parker oder Thelonius Monk. Im Sommer 1953 versuchte er erneut seine Begeisterung in klingende Münze umzusetzen und eröffnete mit einem 700 Dollar Darlehen von seinem Vater den Plattenladen ‚3-D Record Mart'. Doch die Fließbandarbeiter Detroits teilten Berry Gordys elitäre Vorliebe für den Cool Jazz nicht, sie hörten lieber John Lee Hooker oder Nat ‚King' Cole. 1955 mußte Gordy sein Geschäft schließen und sich schleunigst nach einer anderen Arbeit umsehen, denn er hatte 1953 Thelma Louise Coleman geheiratet, seine erste Tochter, Hazel Joy, war 1954 geboren worden, und ein weiteres Kind unterwegs. So fing er im April 1955 am Fließband bei Ford an.

Doch das Musikgeschäft ließ Berry Gordy jetzt nicht mehr los und er versuchte, seine Erfahrungen als Komponist umzusetzen. Seine Schwester Gwen machte ihn mit dem Songwriter Billy Davis bekannt, der fortan unter dem Pseudonym Tyran Carlo mit ihm zusammenarbeitete. Gemeinsam komponierten sie einige Songs und nahmen Demo-Tapes mit Aretha Franklins Schwester Emma auf, die sie bei verschiedenen Plattenfirmen vorstellten. Bis heute umstritten ist allerdings der Anteil Gordys an diesen Kompositionen. Doch vor allem sein späterer Erfolg mit *Motown* und auch seine anfängliche Zusammenarbeit mit Smokey Robinson an dessen Liedern lassen die Vermutung zu, daß es besonders Berry Gordys zunehmendes Gespür für die kommerziell erfolgreiche Kombination aus Text, Melodie und Arrangement war, die die Zusammenarbeit mit Davis erfolgreich machte und seine Nennung als Co-Autor rechtfertigt. Eine Einschätzung, die auch Smokey Robinson rückblikkend bestätigt: „Er hatte ein viel feineres Gespür für einen Song als ich. Es war erstaunlich, wie Berry einen Hit förmlich roch."

Im Spätsommer 1957 lernte er Jackie Wilsons Manager Al Greene kennen. Wilson hatte ebenfalls den Boxsport aufgegeben und war mittlerweile als Sänger erfolgreich. 1953 war er für Clyde McPhatter, der sich den Drifters angeschlossen hatte, zu den Dominoes gestoßen. Nun versuchte Wilson, sich als Solist zu etablieren, und Greene sah sich nach geeignetem Songmaterial um. Mit der Gordy/Carlo Komposition „Reet Petite“, die im Oktober 1957 veröffentlicht wurde, erreichte Wilson bereits zwei Monate später Platz 7 der Rhythm & Blues Charts. Auch die folgenden Titel aus der Feder des Duos bescherten Jackie Wilson große Erfolge, und der zwar kämpferische aber erfolglose Ex-Boxer Berry Gordy war endlich jemand - einer der angesehensten Komponisten vor Ort in Detroit.

Mit dem Ruhm allein war noch immer nicht besonders viel Geld zu verdienen, und in Berry Gordy reifte der Entschluß, selbständig mit einem Interpreten oder einer Gruppe eine Platte aufzunehmen. Aber er hatte noch nicht die richtige Gruppe gefunden.

Motown gab 1963 auf dem Gordy-Label das Album "The Great March To Freedom" mit Reden des Bürgerrechtlers Dr. Martin Luther King heraus.

Der schwarze Unternehmer

Eine entscheidende Wendung nahm Gordys Karriere im Sommer des Jahres 1957. Jackie Wilsons Plattenfirma *Brunswick* suchte in Detroit nach neuen Talenten und lud junge Künstler zum Vorspielen und -singen ein. Unter den vorgeladenen Gruppen befand sich auch ein Quintett, das bereits seit einigen Jahren unter wechselnden Namen zusammenspielte. Mal nannten sie sich Five Chimes, dann wieder änderten sie ihren Namen in The Matadors. „Wir fanden, daß das männlicher klingt", kommentiert ihr Vorsänger William ‚Smokey' Robinson den Sinneswandel in seiner Autobiographie.

Der Auftritt der Matadors wurde von drei Herren begutachtet. „Der erste war Nat Tarnopol, Jackies Manager; der zweite war Jackies Arrangeur, Alonzo Tucker, der auch das Reden besorgte; der dritte war so ein kurzgeratener Typ in unserem Alter, der die ganze Zeit in einer Ecke hockte und seinen Mund nicht aufmachte", erinnert sich Smokey Robinson. Die Matadors hatten beschlossen, nur eigenes Material, hauptsächlich von Robinson komponiert, vorzutragen. Doch sie kamen nicht weit, denn Tucker unterbrach sie nach einer Weile, gab ihnen einige gut gemeinte Ratschläge mit auf den Weg und schickte sie wieder nach Hause. Der dritte Juror, jener schweigsame Typ aus der Ecke, folgte den geknickten Jugendlichen vor die Tür, sprach sie an und stellte sich als Wilsons Songwriter Berry Gordy vor. Ihm hatten es vor allem die Songs des Quintetts angetan, und er erkundigte sich nach dem Komponisten. Als Robinson sich als Komponist zu erkennen gab, zog sich Gordy mit ihm in einen Nebenraum zurück, und sie gingen einige der Songs durch. Gordy wies ihn auf einige Schwachstellen hin, zeigte sich aber insgesamt beeindruckt, besonders auch von Robinsons Stimme.

In den folgenden Monaten übernahm Gordy das Management der Matadors, verschaffte ihnen erste Auftritte in Detroit und Umgebung und ließ sie Anfang November 1957 mit „Got a Job" ihren ersten Song auf Platte aufnehmen. Bei der Gelegenheit änderte er auch ihren Namen in The Miracles. Die Single erschien am 19.2.1958 und wurde, wie auch die folgende Single „Money“, über das New Yorker Plattenlabel *End Records* vertrieben. Obwohl sich vor allem „Got a Job“ als mittlerer Hit entpuppte, erhielten Gordy und die Band lediglich einen Scheck von $ 3.19, den Gordy in einem Anflug von Galgenhumor nicht einlöste, sondern einrahmte, an die Wand seines Büros hängte und allen verkündete: „Das soll mir nicht noch einmal passieren!“

Smokey Robinson & The Miracels um 1960

Aus diesem frustrierenden Erlebnis erwuchs bei ihm die Einsicht, daß der Schlüssel zum (finanziellen) Erfolg vor allem darin liegt, alles selbst zu kontrollieren, von der Produktion bis zum Vertrieb, einschließlich der Finanzen - und Robinson bestärkte ihn darin. So lieh sich Gordy am 12.1.1959 diesmal $ 800 von seiner Familie und machte sich daran, seine eigene Plattenfirma zu gründen. Niemand anderes als er selbst sollte in Zukunft von seinen Ideen und Erfolgen profitieren.

So radikal und mutig es auch erscheinen mag – ein Schwarzer will sich im Amerika der ausgehenden 50er Jahre mit einer eigenen Plattenfirma in der von Weißen dominierten Wirtschaft des Landes durchsetzen – Berry Gordy war keinesfalls der erste Schwarze, der diesen Schritt wagte.

Bereits 1921 hatte der Bluespionier W.C. Handy die Plattenfirma *Black Swan* gegründet, die er allerdings schon 1924 wieder an die *Paramount Recording Company* verkaufte. Wesentlich erfolgreicher war Don Robey, eine etwas zwielichtige Erscheinung aus der Halbwelt Houstons, dem man auch Kontakte zur Prostitution und zum Glücksspiel nachsagte. Er gründete 1949 *Peacock Records* und kaufte drei Jahre später *Duke Records* hinzu. Diese Labels hielten sich bis in die 70er Jahre; auf ihnen erschienen Platten von Rhythm & Blues- und Soul-Größen wie Little Richard, Johnny Ace und Bobby Bland, und sie machten Don Robey zu einem schwerreichen Mann. Übrigens nicht nur als Aufsteiger und ‚schwarzer Kapitalist' zeigt er Parallelen zu Berry Gordy, auch in seinen geschäftlichen Methoden war er wenig zimperlich. Als sich zum Beispiel einmal Little Richard über zu geringe Tantiemenzahlungen beschwerte, streckte ihn der jähzornige Robey mit einem Fausthieb nieder. Auch kaufte Robey von unbekannten Komponisten erfolgversprechende Songs an, um sie als ‚seine' Songs von seinen Künstlern aufnehmen zu lassen – und um im Erfolgsfall natürlich die entsprechenden Komponisten-Tantiemen einzustecken. Auf dem Höhepunkt der Bürgerrechtsbewegung war, so der Musikjournalist Nelson George „...Schwarze Eigenständigkeit (...)

gegen Ende der fünfziger Jahre zum radikalen Konzept geworden". In diesen Jahren veröffentlichten Vivian und James Bracken auf ihren 1952 gegründeten *Vee-Jay*-Records die ersten Singles der Impressions. Sam Cooke und sein Kollege J.W. Alexander wagten mit dem Musikverlag *Kags Music Publishing* 1958 den ersten Schritt in die Selbständigkeit, dem Anfang 1962 ein zweiter Schritt mit der Gründung von *SAR Records* folgte; auf Initiative der Sängerin Dinah Washington machte sich auch Ruth Bowen in jenen Jahren als erste farbige Tourneeveranstalterin von Rang mit ihrer Firma *Queen Booking* einen Namen.

Doch das bis heute erfolgreichste ‚schwarze' Unternehmen der Musikbranche erlebte seine Geburtsstunde in Detroit, als Berry Gordy im Januar 1959 mit Marv Johnsons „Come To Me" die erste Single auf seinem Label *Tamla* veröffentlichte. Den landesweiten Vertrieb besorgte allerdings noch *United Artists*.

Marv Johnson Ende der 80er Jahre

Welche Single denn nun als erste komplett von Gordys neugegründeter Firma aufgenommen und vertrieben wurde, darüber streiten sich bis heute die Fachleute. Während *Motown*-Chronist Nelson George und auch Smokey Robinson übereinstimmend den Miracles Titel „Way Over There" nennen, deuten andere Quellen darauf hin, daß mittlerweile in Vergessenheit geratene Interpreten wie Nick & The Jaguars mit „Ich-I-Bon I" oder Chico Levette mit „Solid Sender" diese Ehre für sich in Anspruch nehmen können. Wie auch immer, als sicher darf gelten, daß zwischen April und August 1959 die erste ‚echte' *Motown*-Single erschienen.

Seinen Firmensitz richtete Gordy in einem kleinen Einfamilienhaus am West Grand Boulevard 2648 in Detroit ein, an dessen Front er gänzlich unbescheiden in übergroßen Lettern den Schriftzug ‚Hitsville U.S.A.' anbringen ließ. Das junge Unternehmen gliederte sich zunächst in den Musikverlag *Jobete*, der bereits 1958 gegründet worden war und zu dessen Namen sich der familiensinnige Gordy von den Anfangsbuchstaben der Namen seiner Töchter Joy, Betty und Terry inspirieren ließ, in die Aktiengesellschaft *Berry Gordy, jr., Enterprises*, die Firma *Hitsville U.S.A.* und die *Motown Record Corporation*, unter deren Dach die verschiedenen Labels einschließlich *Tamla* veröffentlicht wurden. Bis Ende der 60er Jahre konstituierten sich verschiedene Labels, unter anderem *Gordy, Soul, V.I.P.* und *Rare Earth*. Dazu kam das *International Talent Management, Inc. (ITM)*, das sich um Nachwuchsförderung kümmern sollte, und auf das die Verträge aller *Motown*-Künstler ausgestellt waren. Der Name *Motown* entstand aus der Zusammenziehung von ‚Motor Town', dem Synonym für Detroit, und wird in der Firmengeschichte als eigener Labelname erstmals Anfang 1960 erwähnt.

Berry Gordy mit den Supremes und dem Holland/Dozier/Holland-Trio um 1963

In seine Firma brachte Gordy zunächst neben den Miracles den Komponisten und Sänger Brian Holland, der ab 1962 im Verein mit seinem Bruder Eddie Holland und Lamont Dozier zum wichtigsten Komponisten/Produzenten *Motowns* wurde, und den Sänger Robert Bateman, der später vor allem als Komponist und Toningenieur arbeitete.

Spätestens mit dem Millionenseller „Shop Around" von den Miracles etablierte sich Gordys Firma als ernstzunehmende Größe in der Branche und wurde zum Magneten für junge Talente, zunächst vor allem aus

Detroit. Bereits 1960 machte Robinson seinen Freund Gordy mit den Primettes bekannt, deren Sängerin Diane Ross in seiner Nachbarschaft wohnte. Doch die 16jährige Sängerin und ihre Begleiterinnen schienen Gordy zu jung für das Showgeschäft. So ließ er sie zunächst ihre Schulausbildung beenden, um sie dann 1961 unter Vertrag zu nehmen. Bei dieser Gelegenheit wurde ihr Gruppenname in Supremes geändert, und aus der Allerwelts-Diane wurde die glamourösere ‚Diana', die allerdings erst einmal als Gordys Sekretärin arbeiten mußte.

Mit den Primettes kamen die Primes, die mit den Distants zu den Temptations fusionierten. Weiter übernahm Berry Gordy 1960 von seinem Schwager Harvey Fuqua den Vertrag von Marvin Gaye. Zu den bedeutendsten Zugängen zählten in jener Zeit Mary Wells, die mit „Bye, Bye Baby" bereits Ende 1960 die Kassen klingeln ließ, und die Marvelettes, von Robert Bateman bei einem Talentwettbewerb entdeckt. Ihr Debut „Please Mr. Postman" im August 1961 überflügelte sogar den Erfolg von „Shop Around". Ende 1962 schließlich ging die erste ‚Motor Town Revue' mit 45 Musikern und Sängern aus ‚Hitsville U.S.A.' auf eine zweimonatige landesweite Tournee, die mit einem zehntägigen Gastspiel im legendären New Yorker Apollo-Theater am 16. Dezember endete.

In *Motowns* Hauptquartier am West Grand Boulevard herrschte zu der Zeit eine Art Goldgräberstimmung; die Firma machte Umsatz, die Musiker, Sänger, Komponisten und Produzenten, von denen viele einst im Armenviertel Detroits aufgewachsen waren, verdienten soviel Geld wie nie zuvor - und sie gaben es aus. „Eine Flotte nagelneuer Cadillacs parkte entlang dem West Grand Boulevard", beschreibt Supremes Sängerin Mary Wilson in ihren Lebenserinnerungen ironisch die Stimmung jener Tage. „Sobald ein Autor, Produzent oder Musiker seinen ersten Scheck bekam, wurde der praktisch sofort bei den örtlichen Cadillac Händlern eingelöst."

The Supremes

Die Motown Familie

Motown war in mehr als nur einer Hinsicht ein Familienunternehmen im wahrsten Sinne des Wortes. Berry Gordy leitete von Anfang an seine Firma wie das wohlwollende Oberhaupt einer Großfamilie, autoritär und zärtlich, strafend und fürsorglich. Die in den Anfangsjahren zumeist jungen Künstler fühlten sich aufgehoben und geborgen in der familienähnlichen Struktur der Firma. Gordys brennender Ehrgeiz nach finanziellem Erfolg und breiter gesellschaftlicher Anerkennnung hatte seine Wurzeln in der Aufsteigermentalität seiner Familie, die er von Anfang an auch in Schlüsselpositionen des aufstrebenden Unternehmens einsetzte.

Die Familie Gordy stammte ursprünglich aus Georgia, wo es Berry Gordys Großvater, ein Baumwollpflücker, bereits Ende des letzten Jahrhunderts zu Wohlstand und Landbesitz gebracht hatte. Um 1890 bewirtschaftete er bereits eine Farm in Ocony County. Anfang der 20er Jahre zogen die Eltern von Berry Gordy jr. nach Detroit. Schon in den 40er Jahren besaß sein Vater dort eine Baustoffhandlung, den erwähnten Kolonialwarenladen und eine Druckerei. Ein Farbigen-Magazin kürte den Mittelklasseaufsteiger Gordy sr. und seinen Clan 1948 zur Familie des Jahres.

Als sich Berry Gordy jr. 1958 selbständig machte, konnte er sich der tatkräftigen Unterstützung seiner geschäftstüchtigen Familie sicher sein. „So etwas wie die Gordys war mir noch nie begegnet - alle der vier Schwestern und vier Brüder machten ihren Freunden und Freundinnen, ihren Ehefrauen und Ehemännern klar, daß die Familie an erster Stelle stand. Die Gordys kümmerten sich ums Geschäft, aber vor allem kümmerten sie sich um einander", erinnert sich Smokey Robinson. ‚Pop' Gordy verschaffte seinem Sohn das nötige Startkapital, und seine Brüder und Schwestern sowie deren Ehemänner wurden schnell auf die eine oder andere Art in die neugegründete Firma miteinbezogen.

Seine ältere Schwester Esther arbeitete seit 1957 als Sekretärin für ihn und setzte diese Arbeit nach ihrer Heirat mit George Edwards im Jahre 1959 fort, wobei sie sich verstärkt um den Vertrieb kümmerte. 1960 trug Berry ihr den Posten der Vizepräsidentin seiner Firma an; ihr Hauptbetätigungsfeld lag in der Entwicklung von *ITM*. Zur gleichen Zeit wurde Esthers Ehemann der erste Rechnungsprüfer *Motowns*. Loucye Gordy wurde ebenfalls Vizepräsidentin und kümmerte sich um die Finanzbuchhaltung. Ihr Ehemann Ron Wakefield, ein Saxophonist, kam ebenfalls bei *Motown* unter. Berry engagierte seinen Bruder Robert als Toningenieur. Die älteren Brüder George und Fuller führten die väterlichen Firmen weiter. Doch auch sie leisteten ihren praktischen Beitrag zum Aufbau, als sie bei der Renovierung der neuen Firmenbüros und den Studios am West Grand Boulevard in Detroit mithalfen.

Berry am Piano mit B. Halloway, G. Dobbins, K. Anderson, M. Wilson, F. Ballaerd, D. Ross, J. Gordy, G. Horton, W. Young, B. Rogers, Little Stevie Wonder, K. Weston (v. l. n. r.)

Einen besonderen Beitrag zum Aufbau der jungen Plattenfirma lieferten Anna und Gwen Gordy sowie Gwens Ehemann Harvey Fuqua. Sie hatten bereits in der zweiten Hälfte der 50er Jahre zwei kurzlebige Plattenlabels namens *Tri Phi* und *Anna* geführt, die sie samt den dazugehörigen Musikern und Künstlern in die neue Firma einbrachten. Wenn Gordy in späteren Jahren stolz feststellt: „Weitaus wichtiger als der *Motown*-Sound war das Zusammengehörigkeitsgefühl der Leute", so läßt sich dies auch in einem ganz konkreten Sinn belegen. Viele *Motown*-Künstler schlossen Ehen untereinander: der Miracles Sänger Bobby Rogers heiratete Wanda Young von den Marvelettes, Billy Gordon, Mitglied der Contours, heiratete Georgeanna Dobbins, ebenfalls bei den Marvelettes, und der Songschreiber und Produzent Mickey Stevenson heiratete die Sängerin Kim Weston. Einige wurden durch Heirat in die Gordy-Dynastie aufgenommen. So ging Marvin Gaye mit Berrys Schwester Anna den Bund fürs Leben ein, der allerdings 1975 wieder zerbrach. Der Produzent und Komponist Johnny Bristol ehelichte Berrys Nichte Iris Gordy; und noch in den 70er Jahren heiratete Jermaine Jackson, damals Mitglied der Jackson 5, Berrys Tochter Hazel Joy. Außer den direkten oder den über die Jahre entstandenen Verbindungen zur Gordyfamilie hinaus legte Berry Gordy Wert darauf, möglichst alle Künstler in die große *Motown*- Familie einzubinden. Er achtete besonders in den Anfangsjahren darauf, daß die zumeist noch sehr jungen Musiker und Sänger ihre begonnene Schulausbildung beendeten und darüber hinaus weiter von Tutoren und Lehrern betreut wurden. Auch heute noch, mehr als 30 Jahre später, betonen viele Künstler, obwohl sie zum Teil längst bei anderen Plattenfirmen unter Vertrag stehen, das ungeheuere Zusammengehörigkeitsgefühl und die Geborgenheit der Großfamilie in ‚Hitsville U.S.A.' unter der Führung ihres Firmenchefs und Übervaters Berry Gordy. Daß es sich bei diesen Äußerungen nicht nur um nostalgisch verklärte Phrasen handelt, sondern um den Ausdruck eines tiefempfundenen Zusammengehörigkeitsgefühls der Künstler, belegt der Umgang der Firma mit Stevie Wonder.

Seit Lula Mae Hardaway ihren Job als Putzfrau in den Hitsville-Studios angetreten hatte, brachte sie für gewöhnlich ihren achtjährigen Sohn aus erster Ehe zur Arbeit mit, Steveland Morris. Der aufgeweckte Junge, der kurz nach seiner Geburt erblindet war, strich durch die Studios, spielte mit den Instrumenten und hörte den Musikern zu. Durch seine unbekümmerte Art machte er sich schnell bei den meisten beliebt, und die Musiker und Produzenten ließen ihn gewähren. Zuerst erkannte der Miracles-Sänger Ronny White das musikalische Potential des blinden Jungen und machte Berry Gordy auf das brachliegende Talent aufmerksam. Gordy, praktisch denkender Unternehmer und verantwortungsvoller Patriarch der großen *Motown*-Familie, ‚adoptierte' Steveland Morris: Er nahm ihn als ‚Little Stevie Wonder' unter Vertrag und sorgte gleichzeitig für die schulische Ausbildung seines neuen Zöglings. „Manche mögen Stevie für eine Art ‚Firmenmaskottchen' gehalten haben", beschreibt Nelson George die Beziehung Stevie Wonders zu *Motown*, „aber er wurde im wahrsten Sinne des Wortes *Motowns* Baby."

Gordy ließ über seine Schwester Esther bei den zuständigen Behörden im Staat Michigan abklären, unter welchen Bedingungen der mittlerweile 10jährige Stevie beschäftigt werden konnte. Man einigte sich dahingehend, Stevie ein kleines wöchentliches Taschengeld auszuzahlen. Alle weiteren Einnahmen aus künftigen Plattenaufnahmen und die Gagen für seine Auftritte sollten in einen Fond eingezahlt werden, der zum einen von *Motowns* Musikverlag *Jobete* und *ITM*, und zum anderen vom Staat Michigan und den zuständigen Blindenschulen verwaltet wurde. Die Verfügung über sein Vermögen sollte Stevie mit Erreichen der Volljährigkeit im Alter von 21 Jahren erhalten. Weiter verpflichtete sich *Motown*, für eine angemessene Schulausbildung zu sorgen und schickte ihn bis 1969 auf die ‚Michigan High School for the Blind'.

Innerhalb der *Motown*-Familie kümmerten sich viele um Little Stevie, so z.B. Martha Reeves, damals noch als Sekretärin in Gordys Vorzimmer beschäftigt, aber auch Mary Wells, Smokey Robinson und Berry Gordy selbst. Eine besondere Rolle kam dabei einem von *Motowns* A&R Managern zu: Clarence Paul. Für Wonder, der seinen leiblichen Vater nie kennengelernt hatte, wurde er ein väterlicher Freund und Lehrer. Er kümmerte sich intensiv um Stevie Wonders musikalische Ausbildung, machte ihn mit anderen Musikern bekannt und führte ihn nach anfänglichen Fehlschlägen in eine erfolgreiche musikalische Karriere, die bis heute anhält.

Stevie Wonder ist in vielerlei Weise ein Kind der beschützenden und zugleich bevormundenden Firmenleitung Berry Gordys, die sich immer wieder am Leitbild ‚Familie' orientierte. Gordy legte ihn zunächst auf das Image des blinden Wunderknaben als ‚Little Stevie Wonder' fest und versuchte ihn als kindliche Ausgabe von Ray Charles zu vermarkten, bestimmte seine Arrangements und beaufsichtigte seine Veröffentlichungen. Wenn man den zunehmenden Widerstand vieler *Motown*-Künstler in den ausgehenden 60er Jahren als befreienden, pubertären Protest gegen den strengen Vater Berry Gordy deutet, so läßt sich dies geradezu beispielhaft an Stevie Wonders musikalischer Entwicklung nachvollziehen. Zunehmend gelang es Wonder, eigene Kompositionen auf seinen Platten unterzubringen. Mit Erreichen der magischen Volljährigkeitsgrenze kam es zum Bruch mit der musikalischen Philosophie des *Motown*-Systems. „Ich wurde am 13. Mai 1950 in Saginaw, Michigan geboren", sagte Wonder später einmal, „aber das Leben von Stevie Wonder begann 1971."

Berry Gordy erinnert sich noch heute genau an diesen Wendepunkt. „Zu seinem 21. Geburtstag waren wir in Detroit und gaben eine kleine Party für Stevie. Schon bei den Vorbereitungen haben wir viel gelacht. Am Wochenende bin ich nach Kalifornien zurückgeflogen. Als ich dort ankam, fand ich ein Telegramm von Stevies Anwalt vor, der alle Verträge mit *Motown* annullierte. Ich konnte es kaum fassen. Wir waren gerade noch zusammen gewesen, hatten gemeinsam gelacht, und er mochte mich und hat das auch immer gezeigt. Und nun dieses Telegramm und nichts weiter. Ich dachte, Stevie will sich von der Firma trennen. Er ist 21 und hat Angebote von anderen Firmen. Er wird uns verlassen, ohne mir ein Wort zu sagen!" Auch bald 20 Jahre nach diesem Vorfall kann Gordy seine Erregung kaum verbergen, wenn er die Geschichte erzählt. Doch die Jahre geben ihm auch den nötigen Abstand, um Wonders Verhalten richtig einzuschätzen. „In Wirklichkeit wollte er nur demonstrieren, daß er jetzt 21 war und ein bißchen mehr Respekt verlangte."

Stevie Wonder verließ 1971 Detroit und ging nach New York, wo er mit innovativen musikalischen Formen und Instrumenten, insbesondere mit dem Moog- und Arp-Synthesizer, zu experimentieren begann. Nach langen, zähen Verhandlungen trotzte er der Firmenleitung einen 120 Seiten starken Vertrag ab, der ihm weitgehende künstlerische Freiheiten garantierte. Wonder verlängerte diesen Vertrag 1975 für eine Garantiesumme von 13 Millionen Dollar um weitere sieben Jahre. „Das hatte es noch nie gegeben", kommentiert Gordy nicht ohne Respekt für Wonders Geschäftssinn diesen Vorgang. „Trotzdem ist es wahrscheinlich einer der besten Deals, die ich je gemacht habe." - Noch Anfang der 90er Jahre, als sich Gordy längst weitgehend vom Geschäft zurückgezogen hatte, und *Motown* nur noch eine - wenn auch eine traditionsreiche - Unterabteilung des Medienkonzerns *MCA* war, veröffentlichte Stevie Wonder seine Platten bei *Motown*. Er dürfte der Künstler sein, der seiner ‚Familie' am längsten die Treue hielt.

Vor diesem Hintergrund wird es verständlich und glaubwürdig, wenn anläßlich des 25jährigen Firmenjubiläums im Mai 1983 viele von *Motowns* abtrünnigen Kindern zusammen auf die Bühne kamen, um in Smokey Robinsons eigens für diesen Anlaß komponierte Hymne „Hitsville USA" einzustimmen: „Nowhere will you find more unity than at Hitsville U.S.A. (...) Honesty is our only policy, we're all for one and one for all."

Stevie Wonder, 1980

The Miracles mit ihrem „Monkey Dance" zu „Michey's Monkey" um 1963

2.

Hits vom Fließband

Ghetto und Glamour

Ebenso restriktiv wie Gordy sein Unternehmen nach innen führte, bestimmte und formte er das Erscheinungsbild *Motowns* und seiner Künstler nach außen. Er wußte sehr genau, um im großen Maßstab kommerziell erfolgreich zu sein, durfte er sich nicht auf den schwarzen Markt allein beschränken, sondern mußte auch großflächig in den weißen Markt eindringen. ‚Integration' hieß die Zauberformel, die Berry Gordy von Anfang an nach innen praktizierte und vehement nach außen probierte.

Um aus seinen unerfahrenen Ghettokids respektable Acts zu machen, die letztlich auch vor weißem Publikum überzeugen konnten, verordnete Gordy ihnen zunächst einige Lektionen in Bühnenpräsentation. Noch heute erinnert sich Smokey Robinson mit Schaudern an den ersten Auftritt der Miracles 1958 im New Yorker Apollo-Theater: „Unsere Bewegungen auf der Bühne waren so unsicher, wir brachten so wenig rüber, daß der Veranstalter, Mr. Schiffman, seine Kohle wiederhaben wollte." Um die laienhafte Bühnenpräsenz der zukünftigen *Motown*-Stars aufzupolieren, wurden sie in das Studio von Maurice King geschickt, dem ehemaligen musikalischen Leiter des Detroiter Fox Theaters. Er hatte bald so viel mit ihrer Betreuung zu tun, daß ihm Berry Gordy vorschlug: „Warum kommst Du nicht ganz zur Firma und unterrichtest sie alle?" Das war die Geburtsstunde von *Motowns* eigener Künstlerschule, aus der unter der Leitung von Gwen Gordys Mann, Harvey Fuqua, Ende 1963 das Artists Development Department wurde.

Maurice King fungierte als ‚vocal coach' und übernahm die musikalische Leitung. Der Choreograph Cholly Atkins brachte seinen Schützlingen die richtigen Tanzschritte bei. Er studierte zum Beispiel mit den Miracles für ihren Song „Mickey's Monkey" einen sogenannten „Monkey Dance" ein, bei dem sie scheinbar Bananen schälten, auf Bäume kletterten und mit spielerischen Handbewegungen jene drei sprichwörtlichen

Affen imitierten, die nichts sehen, nichts hören, nichts sagen.

Für das Styling der angehenden Stars und ihr Auftreten in der Öffentlichkeit war Maxine Powell zuständig. Wie Nelson George ironisch anmerkt, war es ihr erklärtes Ziel, die Künstler vor allem auf zwei potentielle Auftrittsorte zu trainieren: den Buckingham Palace und das Weiße Haus. An die Unterrichtsstunden in Etikette und gutem Benehmen erinnert sich auch Supremes Sängerin Mary Wilson: „...unter ihren Augen mußte ich mit Büchern auf meinem Kopf herumlaufen. Hielt ich meine Schultern gerade? War meine Körperhaltung gut? War mein Make Up nicht zu dick aufgetragen? Welche Gabel benutzt man bei Tisch, wie grüßt man die Leute richtig, wie hält man das Besteck, wie betritt man ein Zimmer, wie findet man einen Stuhl und wie setzt man sich und steht anmutig wieder auf - all das war Teil des Unterrichts."

Mutet dieser penible Drill in Etikette und Eleganz angesichts der damals aufkommenden Hippiebewegung beinahe lächerlich und altmodisch an, so ist doch Mary Wilsons in diesem Zusammenhang gezogener Vergleich von *Motowns* Artists Development mit Hollywoods sogenannten Charm Schools aus den 30er und 40er Jahren hilfreich. Denn an den Werten des eher konservativen weißen Showbusiness, die *Motowns* angehenden Stars hier vermittelt wurden, orientierte sich Berry Gordy ganz bewußt. Sein geschäftlicher Ehrgeiz und sein ganz persönlicher Traum bestand vor allem darin, als schwarzer Geschäftsmann in den Hochburgen des weißen Mainstream erfolgreich zu sein.

Diesen Traum, der gewissermaßen Martin Luther Kings Traum vom friedlichen Nebeneinander von Schwarz und Weiß mit Berry Gordys unbedingter Aufsteigermentalität verknüpft, erfüllten ihm erwartungsgemäß The Supremes, die glamourösen Diven aus dem Detroiter Ghetto.

Gordy brachte sie erstmalig am 24.12.1964 in einer Weihnachtssendung von Amerikas damals beliebtesten und einflußreichsten Showmaster Ed Sullivan via Bildschirm direkt in die Wohnzimmer des weißen amerikanischen Mittelstandes. Doch das war nur der Anfang. In den kommenden zwei Jahren absolvierten The Supremes rund 20 Auftritte in allen wichtigen und populären TV-Shows des Landes. Sie machten Abstecher in die Gefilde von Country & Western, nahmen Songs der Entertainment- Veteranen Rodgers und Hart auf, veröffentlichten gar eine LP mit den beliebten Musicalmelodien von „Funny Girl". Gordy schickte sie in die Entertainment-Tempel nach Las Vegas und ins Copacabana nach New York. Damit hatte er ein Tor geöffnet für die anderen *Motown*-Acts, die den Supremes auf Tourneen durch die großen Clubs folgten. „In a mellow mood" swingten auch The Temptations 1968 „Live At The Copa", Marvin Gaye sang Lieder von Nat ‚King' Cole, die Four Tops fanden sich „On Broadway" wieder.

Die Journalistin Sharon Davies, die zeitweise in *Motowns* Presseabteilung arbeitete, konstatiert: „Gordy verwirklichte sein ehrgeiziges Vorhaben, schwarze Entertainer in die weiße Gesellschaft einzuführen, indem es ihm gelang, professionelle Acts zu produzieren, die bei Schwarzen wie Weißen gleichermaßen Anklang fanden." In seinen Methoden war er dabei keinesfalls wählerisch. So ließ er The Supremes unter anderem einen Reklamejingle für Coca Cola aufnehmen oder gab ihren Namen und ihr Image für eine Weißbrotmarke (!) her.

The Supremes als Werbeträger für Weißbrot

Mit der zunehmenden Eroberung des weißen Marktes mehrten sich denn auch die kritischen Stimmen. Wo Berry Gordy Integration und geschäftlichen Erfolg im Sinn hatte, verhöhnten seine Kritiker den *Motown*-Sound in Anspielung auf die Werbeaktivitäten der Supremes als ‚Whitebread Soul', sprachen von Anpassung und Schlimmerem. „Man beschuldigte uns, wir würden unsere Hautfarbe verstecken", entrüstet sich Smokey Robinson in seiner Autobiographie.

Gänzlich abwegig war dieser Vorwurf nicht. So war das Cover des Albums „Mickey's Monkey" von den Miracles statt mit einem Bandfoto mit einer comicähnlichen Skizze der Band versehen, Mary Wells LP-Debut „Bye Bye Baby" zierte statt ihres Porträts eine bunte, stimmungsvolle Zeichnung und auf dem ersten Album der Isley Brothers für *Motown* „This Old Heart of Mine" war gar ein weißes Liebespärchen am Strand abgebildet. „Einige Kritiker unterstellten uns, daß wir versuchten die Leute zum Narren zu halten, damit sie glauben sollten, die Künstler seien Weiße", faßt Smokey Robinson die Vorwürfe zusammen, um ihnen dann mit einem Argument entgegenzutreten, das auch aus Berry Gordys Mund hätte stammen können: „Wir haben doch bloß nach einer Möglichkeit gesucht, Aufmerksamkeit zu erregen. Und das hat funktioniert; die Alben verkauften sich."

Berry Gordy hatte einen Traum, einen Traum des schrankenlosen ‚Sound of Young America', ohne Ansehen der Rasse, Tanzmusik für die ganze Nation; und seine wohlerzogenen Stars lächelten höflich und bewegten züchtig die Hüften dazu. So abgezirkelt wie ihre Bühnenshow und die perfekten Arrangements der Songs war auch ihr Auftreten in der Öffentlichkeit. Für Interviews und Pressekonferenzen hatte Maxine Powell ihre Zöglinge mit vorgestanzten Antworten präpariert, die stets Optimismus austrahlen sollten und das gute Verhältnis der Künstler zu ihrer Firma betonten.

Berry Gordy selbst hatte allerdings von Anfang an ein gestörtes Verhältnis zur Presse. Das erklärt sich möglicherweise zum einen ganz allgemein aus seiner Neigung, über alles und jeden die Kontrolle zu behalten. Es läßt sich andererseits aber auch als die Verunsicherung und das Mißtrauen des schwarzen Aufsteigers deuten, der sich in einer weißen Gesellschaft bewegt. Die hin und wieder in reißerischen Presseberichten kolportierten Gerüchte über die Kontakte von *Motown* zur Mafia dürften unbeschadet ihres Wahrheitsgehaltes diese Neigung nur bestätigt haben. So trug Berry Gordys Scheu vor der Öffentlichkeit mit dazu bei, den Nimbus des Geheimnisvollen und Undurchschaubaren über *Motown* zu legen. Diese Mischung aus Geheimnis und Glamour, Kreativität und Können, Ehrgeiz und Erfolg erwies sich, gewollt und ungewollt zugleich, als perfekte Marketingstrategie. Der Legendenbildung war Tür und Tor geöffnet, *Motown* verklärte sich zusehends zum Mythos.

Hitfactory

„Stars rollten aus Hitsville wie Autos vom Fließband." Wieder bringt Mary Wilson in ihrer pointierten Art das Arbeitsprinzip von *Motown* auf den Punkt. Der ehemalige Fließbandarbeiter Gordy brachte das Kunststück fertig, die kreativen Künstler, die er für *Motown* unter Vertrag genommen hatte, im Sinne einer ‚Hitfactory' arbeiten zu lassen. Das ging so weit, daß der Pünktlichkeitsfanatiker Gordy für seine Mitarbeiter eine Stechuhr einführen ließ, wie er es bei Ford kennengelernt hatte. Mag das auf den ersten Blick auch kurios erscheinen, so ist es symptomatisch für die strikt durchorganisierte Arbeitsweise bei *Motown*.

Das organisatorische Rückgrat bildeten drei wöchentliche Meetings. Die erste dieser Konferenzen wurde montags am Vormittag abgehalten. Hier stellten die Komponisten und Produzenten ihre neuen Songs vor. Dienstags folgte eine weitere Konferenz unter dem Vorsitz von Esther Edwards, der Leiterin von *ITM*, auf der die vorgesehenen Tourneen besprochen und geplant wurden. Das dritte und wichtigste dieser Treffen fand freitags in Berry Gordys Büro statt. Diese Sitzung stand unter dem Motto ‚quality control'. Der gesamte Stab der Mitarbeiter, die in Schlüsselpositionen des Unternehmens tätig waren, mußte daran teilnehmen. Hier wurden die Ergebnisse der Arbeit der Woche vorgestellt und diskutiert, hier wurde entschieden, welcher Song veröffentlicht wurde und welcher nicht. Richard Street erinnert sich an die Vorbereitung und den Ablauf dieser Freitagskonferenzen: „Am Montag oder am Dienstag bekam ich so etwa 20 Aufnahmen. Zunächst bewerteten wir sie mit Noten von eins bis zehn, und dann am Freitag nahmen wir all die Aufnahmen mit in Mr. Gordys Büro. Zwölf Leute stimmten dann noch einmal darüber ab. Wenn wir irgendeiner eine acht oder neun gaben, kam gewöhnlich ein Millionenhit für *Motown* dabei raus."

Auf diesen Konferenzen wurden immer wieder neue Kombinationen zwischen Gruppen bzw. einzelnen Interpreten und den verschiedenen

Komponisten- und Produzententeams angeregt, solange bis die Mischung am Markt zündete. So probierte man zum Beispiel drei Jahre lang mit den Supremes verschiedene Songs, Komponisten und Produzenten aus. Das Wort von den ‚no-hits' Supremes machte die Runde, bis sich 1964 das Holland/Dozier/Holland Team erfolgreich der Gruppe annahm. Durchgefallene Songs wurden hingegen in die Produktion zurückgeschickt und mußten neu überarbeitet werden. Die Formeln erfolgreicher Songs wurden wie am Fließband kopiert und variiert, bis ihre Möglichkeiten kommerziell ausgeschöpft waren. Ein Beispiel für diese Praxis ist der Hit „Heatwave" von Martha & The Vandellas, der, im Juli 1964 veröffentlicht, bis auf Platz 4 in der Hitparade aufstieg. Diesem Hit wurde im November mit „Quicksand" ein nach dem gleichen Muster gestrickter Song hinterhergeschickt, der prompt auf Platz 6 gelangte. Darauf folgte im Januar 1965 mit „Live Wire" eine weitere Variation, die allerdings dann nur Platz 42 belegen konnte. Erst jetzt erlaubte Berry Gordy den Vandellas, etwas Neues auszuprobieren.

Martha & The Vandellas

Eine weitere Möglichkeit, den Erfolg einzelner Songs auszureizen, bestand darin, den gleichen Hit von mehreren Interpreten aufnehmen zu lassen. Welch kuriose Blüten diese rigide Politik trieb, zeigt sich an der verschlungenen Veröffentlichungsgeschichte der Whitfield/Strong Komposition „I've Heard It Through The Grapevine": Obwohl Marvin Gaye den Song bereits um 1966/67 aufgenommen hatte, durfte er ihn nicht veröffentlichen. Man teilte ihn stattdessen den in der Firmenhierarchie eher in der zweiten Reihe rangierenden Gladys Knight & The Pips zu. Erst als diese 1967 damit einen Hit gelandet und somit seine kommerzielle Potenz unter Beweis gestellt hatten, revidierte die Firmenleitung ihre Entscheidung. 1968 kam endlich Marvin Gayes Version von „I've Heard It Through The Grapevine" auf den Markt und ließ erneut die Kassen klingeln.

Gerne wurden erfolgreiche Songs auch als Füllmaterial für LP-Veröffentlichungen anderer Interpreten benutzt. Mary Wells nahm zum Beispiel auf ihrem ersten Album „Shop Around" von den Miracles auf. Auch Gladys Knight & The Pips spielten diverse Hits anderer *Motown*-Künstler ein, darunter „The Tracks Of My Tears" von den Miracles oder „Baby I Need Your Loving", das ursprünglich für die Four Tops geschrieben worden war.

Genauso wie die Firmenführung, und somit letztlich Berry Gordy, entschied, welcher Interpret welchen Song veröffentlichen durfte, wurde auch das Image und das stilistische Profil der Künstler in der Chefetage festgelegt. Jeder Künstler hatte ein bestimmtes Marktsegment abzudekken. So schematisch das klingt, Profile wie vom Reißbrett, so sehr spricht es auch für Berry Gordys feines Gespür für das Potential der Gruppen und Einzelinterpreten, wie für die Bedürfnisse des Publikums, daß diese Formeln zumeist aufgingen.

Wem allerdings welche Rolle verordnet wurde, hing oft von Gordys ganz persönlichen Vorlieben und Abneigungen ab. So dürfte die Protektion der Supremes mit seiner besonderen Zuneigung zu Diana Ross zusammenhängen, mit der ihn wohl auch eine mehrjährige Liebesaffäre verbunden hat. Anders erging es Martha Reeves, die sich nicht scheute, selbstbewußt Gordys Entscheidungen zu hinterfragen, und so, trotz ihrer unbestritten größeren stimmlichen Kompetenz, nicht immer ihren Fähigkeiten angemessen eingesetzt wurde.

Berry Gordy mit Diana Ross, 1967

Ebenfalls typisch für *Motowns* Umgang mit seinen Künstlern ist auch die Tatsache, daß in vielen Fällen vertraglich abgesichert wurde, daß die Namen der Gruppen und Einzelinterpreten wie ein Markenzeichen Eigentum der ‚Hitfactory' blieben. Das bedeutete z.B für Florence Ballard, daß sie, nachdem sie die Supremes verlassen und die Plattenfirma gewechselt hatte, den Namen ‚Supremes' nicht mehr benutzen durfte. Und noch in den 70er Jahren setzte *Motown* gerichtlich durch, daß The

Jackson 5 nach ihrem Wechsel zu *CBS* ihren Namen in The Jacksons ändern mußten. Daß diese Regelung späterhin nicht mehr konsequent durchgehalten werden konnte, belegen beispielsweise die Temptations und die Four Tops, die in den 70er Jahren ebenfalls zu anderen Plattenfirmen wechselten, ihren Namen jedoch behielten.

Bezeichnend für das geschlossene System *Motowns*, das Hits und Stars wie am Fließband produzierte, ist das immer wieder propagierte Leistungsprinzip, mit dem die Hitmaschinerie ihre Künstler bestimmte und förderte. Smokey Robinson berichtet von „Tausend-Dollar-Bonus-Schecks, die wir für das Schreiben von Nummer 1 Hits bekamen." Auf der anderen Seite aber reagierte man hart auf Künstler wie zum Beispiel David Ruffin, der es 1968 wagte, die angesichts der Millionenumsätze durch ihre Hits verhältnismäßig geringe Entlohnung der Temptations zu kritisieren. Ruffin mußte die Gruppe verlassen und hatte sich mit einem restriktiven Solo-Vertrag zu begnügen.

Doch gerade dieses hermetische Erscheinungsbild *Motowns* und seine hierarchische Führungsstruktur waren entscheidende Voraussetzungen für seinen enormen Erfolg in den 60er Jahren. Noch 1971 stellte der Journalist Jack Landau nicht ohne Bewunderung fest: „Von all den großen Schallplattenfirmen bleibt nur noch *Motown* als diejenige übrig, in der alles im Haus gemacht wird. Man hat das Gefühl (...), daß Berry Gordy jeder einzelnen Single, die auf seinem Label veröffentlicht wird, die persönliche Zustimmung gibt.“

Dabei bewies Gordy immer wieder seinen untrüglichen Instinkt für den Massengeschmack. Von 1962 bis 1971 erreichten jährlich rund zehn Singles aus dem Hause *Motown* die Top Ten der amerikanischen Billboard Charts. Belief sich der Umsatz nach Firmenangaben 1963 noch auf 4,5 Millionen Dollar, so hatte er sich bis 1967 auf 30 Millionen Dollar vervielfacht und betrug 1973 bereits 46 Millionen Dollar.

Stars und Macher

The Supremes waren gewissermaßen *Motowns* Flagschiff. Sie sollten Jugend, Frische und Glamour verkörpern. Ihre Ausbilderin Esther Edwards hatte ihnen eingeschärft: „Wenn sie Euch mögen, werden sie losziehen und Eure Platten kaufen." Mehr noch als um andere Interpreten kümmerte sich Berry Gordy höchstpersönlich um dieses Trio. „Was immer er auch vorschlug, wir zogen mit", beschreibt Mary Wilson diese enge Beziehung. „Unser Mentor hatte uns ganz und gar unter seine Fittiche genommen." Berry Gordy hatte ihnen bewußt eine Schlüsselrolle zugedacht; sie sollten den großen weißen Markt für die anderen Gruppen aufschließen. Dabei setzte er vor allem auf die Ausstrahlung von Diana Ross, die er ab 1970 konsequent zum Solostar aufbaute, während der Rest der Gruppe mehr und mehr von ihm vernachlässigt wurde.

Die Supremes waren in den 60er Jahren nicht nur die erfolgreichsten *Motown*-Interpreten, sondern auch eine der erfolgreichsten Musikgruppen überhaupt. Die Zahl ihrer Nummer 1 Hits zwischen 1964 und 1969 wurde in den Vereinigten Staaten nur noch von Elvis Presley und den Beatles überboten. Ihre Aufnahmen, die zum überwiegenden Teil vom Team Holland-Dozier-Holland betreut wurden, gelten in den Ohren vieler Kritiker als der „Ausdruck des *Motown*-Sounds in seiner reinsten Form."

The Miracles, deren Hit „Shop Around" gewissermaßen die Initialzündung für *Motowns* Aufstieg bedeutete, gehörten zu den beständigsten Ensembles der Plattenfirma. Das Quintett bestand in der Anfangszeit aus den Schulfreunden William ‚Smokey' Robinson, Pete Moore, Ronnie White, sowie Bobby und Sonny Rogers. Als Sonny Rogers etwa 1956 die Gruppe verließ, um zur Armee zu gehen, nahm seine Schwester Claudette Rogers, die später Smokey Robinson heiratete, den Platz ein. Sie fühlte sich den Anstrengungen oft mehrmonatiger Tourneen allerdings bald nicht mehr gewachsen und arbeitete ab etwa 1964 nur noch bei Studioproduktionen mit dem Ensemble zusammen. 1967 verließ sie die Gruppe endgültig und ließ die Miracles zum Quartett schrumpfen.

The Supremes, 1968

Wie bei vielen anderen Vokalgruppen *Motowns* lagen die Wurzeln der Miracles in der Doo Wop-Tradition der späten 50er Jahre; ihre Stärke waren wie ihr Klassiker „The Tracks Of My Tears“ (1965) sanfte Balladen, die zumeist aus der Feder ihres Vorsängers Smokey Robinson stammten. Daneben konnten sie auch vereinzelt mit schnelleren Tanznummern wie z.B. „Mickey's Monkey“ (1963) überzeugen. Ihr Stern begann zu sinken, als Robinson 1972 das Ensemble zugunsten einer Solokarriere verließ. Seinen Platz nahm William ‚Billy‘ Griffin ein. 1977 wechselten sie von *Motown* zur Plattenfirma *Columbia*, die sie nach zwei erfolglosen Alben wieder fallen ließ. Moore und Griffin verließen Ende der 70er Jahre die Gruppe, während Rogers und White mit wechselnden Begleitern The Miracles noch bis in die 80er Jahre hinein am Leben erhielten.

Smokey Robinson etablierte sich als zuverlässiger Interpret verhaltener und eleganter Balladen. Gelegentliche Flirts mit Jazz-Elementen wie auf „Quiet Storm“ (1974) erreichten jedoch bei weitem nicht die musikalische Raffinesse eines Marvin Gaye. So verließ er sich lieber auf Bewährtes und machte bei nachlassendem Publikumsinteresse mit Neuaufnahmen eigener älterer Hits („Get Ready“, 1979) wieder auf sich aufmerksam. Zu Beginn der 90er Jahre verließ auch er nach mehr als 30 Jahren *Motown*.

Die beiden bedeutendsten Vokalgruppen *Motowns* waren The Temptations und die Four Tops. The Temptations beeindruckten vor allem durch breitgefächerte Vokalharmonien, die in klassischer Soulmanier dem rauhen Rhythm & Blues mit weichen Gospelklängen die Kanten abschliffen. Ihre bis heute andauernde Karriere wurde auch durch häufige Besetzungswechsel nur wenig beeinträchtigt. Sie arbeiteten zunächst mit Smokey Robinson zusammen, ab 1966 betreute der Produzent und Komponist Norman Whitfield das Quintett. Mit seinen stärker rhythmisch akzentuierten und oft weiträumigen Arrangements läutete er einen Wandel vom sanften, balladesken Stil Robinsons zu einem härteren, zeitgemäßeren Sound ein, so daß die Temptations bis in die 70er Jahre hinein zu den umsatzstärksten *Motown*-Acts gehörten. Die Jahre ab 1975 waren gekennzeichnet von zumeist erfolglosen Versuchen, den Anschluß an aktuelle musikalische Trends zu finden. In diesen Jahren wechselten sie ähnlich wie andere *Motown*-Künstler auch die Plattenfirma, gingen zu *Atlantic*, wo sie zwei mäßig erfolgreiche Alben („Hear To Tempt You", 1977; „Bare back", 1978) aufnahmen. Schließlich kehrten sie zu *Motown* zurück, konnten aber erst 1984 mit ihrem Album „Truly For You" wieder an alte Erfolge anknüpfen. Anfang der 90er Jahre verließen sie *Motown* erneut.

The Temptations in den frühen 60er Jahren: Paul Williams, Eddie Kendricks, Melvin Franklin, David Ruffin, Ottis Williams (v. l. n. r.)

Das Erfolgsrezept der Four Tops lag weniger im harmonischen Gruppenklang, sondern vielmehr in dem reizvollen Kontrast zwischen den ausgefeilten Arrangements ihrer Produzenten und Komponisten Holland-Dozier-Holland (H-D-H) und der dagegen ‚ankämpfenden' ekstatischen Gospelstimme ihres Leadsängers Levi Stubbs. Als die Four Tops 1963 dem Drängen Berry Gordys nachgaben und bei *Motown* unterschrieben, galten sie bereits als erfolgreicher Live-Act. Aufgewachsen in Detroit, sangen Stubbs und seine Jugendfreunde Lawrence Payton, Renaldo ‚Obie' Benson und Abdul ‚Duke' Fakir seit 1954 zunächst als Four Ames, ab 1956 als Four Tops erfolgreich zusammen. Lediglich ihre Plattenaufnahmen, u.a. für *Chess* und *Columbia*, stießen auf wenig Interesse. Auch im Hause *Motown* brauchte es immerhin ein Jahr, bis das Holland-Dozier-Holland Trio mit „Baby I Need Your Loving" 1964 die richtige Hitformel fand. Sie orientierten sich dabei am klassischen Call and Response-Schema des Gospel und nutzten erstmals bei ihrer Arbeit die einschmeichelnde Wirkung von Streichern. Nach diesem Muster entstanden in den Folgejahren eine Reihe höchst erfolgreicher Hitsingles für das Quartett.

Nach dem Weggang des H-D-H Teams 1968 versuchten andere Produzenten wie Frank Wilson den Four Tops mit mäßigem Erfolg ein neues Profil als gepflegte Entertainer zu geben. Bereits 1972 verließ das Vokalquartett *Motown*, kehrte Anfang der 80er Jahre kurzfristig zurück und machte 1990 mit einem Beitrag für den Soundtrack zu dem Film „Buster" wieder auf sich aufmerksam. Den Song „Loco In Acapulco" komponierte der *Motown*-Fan Phil Collins in Zusammenarbeit mit Lamont Dozier (!) als Reminiszenz an den guten alten *Motown*-Sound der 60er Jahre.

Four Tops

Zu den herausragenden Solisten *Motowns* gehörten Stevie Wonder und Marvin Gaye. Gayes musikalische Wurzeln lagen im Gospel, denn er entstammte einem streng religiösen Elternhaus, in dem jede musische Betätigung dem Lob Gottes galt. Diese Prägung und der Widerstand gegen seinen Vater, einen unduldsamen, christlichen Eiferer, und dessen lustfeindliche, bigotte Lebensauffassung stürzte ihn in einen lebenslangen und quälend empfundenen Zwiespalt, der seine kreative Arbeit nachhaltig prägte.

Gaye begann seine Karriere als Mitglied der gospelinspirierten Moonglows, deren Leadsänger Harvey Fuqua ihn zu *Motown* vermittelte. Hier arbeitete er zunächst als Session-Schlagzeuger, bis ihm 1962 der Durchbruch als Sänger gelang. Seine Karriere ist insofern für *Motown* untypisch, weil er mit nahezu allen Komponisten und Produzenten wechselweise zusammenarbeitete und bereits früh begann, eigenes Material zu komponieren. Der zur Melancholie neigende Gaye bevorzugte klassische Balladen und sah sich zu Beginn der 60er Jahre selbst auf dem Weg zu einem ‚black Sinatra'. Die Firmenführung vermarktete ihn zunächst in der Rolle des ‚romantischen Liebhabers', aber man verordnete ihm auch schnelle Tanznummern und mehrere Alben mit wechselnden Duettpartnerinnen. 1971 vollzog er gegen den Widerstand seiner Plattenfirma mit dem wegweisenden Album „What's Going On" einen radikalen musikalischen wie thematischen Wechsel. Es enthält filigrane Klangcollagen zwischen Soul und Jazz fernab vorgegebener Schablonen, dazu mitfühlend melancholische Kommentare zu Armut, Umweltzerstörung und Gewalt. Obwohl Gordy die Veröffentlichung bis zuletzt erbittert bekämpfte, brachte das Album *Motown* über 2 Millionen Dollar ein, die drei daraus ausgekoppelten Singles noch zusätzliche 4 Millionen. Doch die Kämpfe mit der Firmenführung, die spätere Alben gegen seinen Willen veränderte, sowie Drogen- und Steuerprobleme zermürbten den sensiblen Künstler, und auch er verließ Ende der 70er Jahre *Motown*. Sein glanzvolles Comeback 1982 endete jäh und tragisch. 1984 erschoß ihn sein Vater bei einem Streit.

Weitere bedeutende Interpreten *Motowns* waren u.a. Martha & The Vandellas, die sich wilder, und soweit das im Rahmen von *Motown* möglich war, rauher gebärden durften. The Marvelettes verkörperten den klassischen Girl-Group-Stil, dessen Einflüsse auch auf den Alben von Mary Wells hörbar waren. Herausragende Vokalensembles der Plattenfirma waren unter anderem The Contours, The Elgins und The Monitors. Zumindest für *Motown* ungewohnt rauhe und jazzige Töne ließ der Saxophonist Junior Walker auf seinen Alben hören, die oft instrumentale Versionen bekannter Songs aus der Detroiter Hitfabrik enthielten. Zu seinen größten Erfolgen zählt neben der Eigenkomposition „Shotgun" (1965) seine mitreißende Version des Marvin Gaye Hits „How Sweet It Is (To Be Loved By You)" (1966).

Marvin Gaye

Einen Ausnahmefall stellten Rare Earth dar. Der aus weißen Musikern bestehenden Gruppe, die zuvor verschiedenen *Motown*-Künstlern als Begleitmusiker zur Seite gestanden hatte, gelang 1969 mit einer 21minütigen Version der Robinson Komposition „Get Ready" ein unerwarteter kommerzieller Erfolg. Dafür belohnte sie ihre Plattenfirma mit einem eigenen Sublabel, das nach der Band benannt wurde. Darauf erschienen weitere erfolgreiche Alben, die zumeist unter der Regie von Norman Whitfield entstanden.

Neben den Interpreten, die von *Motown* entdeckt und aufgebaut wurden, gab es auch einige Künstler, die sich zum Teil bereits einen Namen gemacht hatten und in den 60er Jahren vorübergehend bei *Motown* unter Vertrag standen. Dabei sind vor allem das Vokalquintett The Spinners, die Isley Brothers sowie Gladys Knight & The Pips zu nennen. Mit ihrem rauhen Timbre stand Gladys Knight für eine ungewöhnlich bluesorientierte Variante des *Motown*-Sounds.

Gladys Knight & The Pips

Mehr im Hintergrund aber nicht weniger prägend für das musikalische Erscheinungsbild des Konzerns war in den 60er Jahren die Studioband The Funk Brothers, die unter der Leitung des Keyboarders Earl van Dyke und des Saxophonisten Eli Fountain agierte und erstaunlich wandlungsfähig nahezu alle Künstler auf ihren Platten und Tourneen begleitete. Auch darf nicht vergessen werden, daß die großen Hit-Lieferanten wie das Holland-Dozier-Holland-Team ihre liebe Not mit den korrekten Akkorden und Arrangements hatten. Oft lieferten sie Earl Van Dyke gerade mal eine Melodie auf dem Klavier und eine ungefähre Idee für das Arrangement, und er durfte dann sehen, wie er seine Band dazu brachte, den Song zu spielen.

Der 1929 geborene Van Dyke hatte sich bereits in der New Yorker Clubszene einen Namen gemacht, als er 1962 zu *Motown* kam. Seine Band trat auf den ‚Motor Town Revues' auch als The Earl Van Dyke Sextett oder Earl Van Dyke and the Soul Brothers auf. Im Laufe der Jahre gehörten neben Van Dyke und Fountain auch der Keyboarder Johnny Griffin, der Schlagzeuger William ‚Benny' Benjamin, der Bassist James Jamerson, die Gitarristen Eddie Willis, Joe Messina und Robert White sowie die Percussionisten Jack Ashford und James Giddons zur Band, die Kritiker zu den besten Rhythm & Blues-Musikern der 60er Jahre zählen. Der Saxophonist Choker Campbell begleitete mit seiner 16köpfigen Band ebenfalls diverse *Motown*-Künstler im Studio und auf der Bühne.

1965 erschienen zwei Alben von *Motowns* Hausbands mit den Backingtracks ihrer Studioaufnahmen. „That Motown Sound" enthielt Material von Van Dyke und seinen Musikern, das Album von Choker Campbells Combo trug den Titel „Hits Of The Sixties". Beide sind heute gesuchte Sammlerstücke. Weitere Aufnahmen mit *Motowns* Studiomusikern sind auf den Platten der San Remo Strings zu hören.

Zu den entscheidenden Machern in ‚Hitsville U.S.A.' gehörten die

Komponisten und Produzenten. Gaben die Stars gewissermaßen die chromglänzende Karosserie der Fließbandprodukte aus der Hitfactory ab, so waren die Macher die musikalischen Motoren, die die Interpreten mit manchmal atemberaubendem Tempo die Hitparaden hinaufschießen ließen. Berry Gordy, der selbst als Komponist begonnen hatte, überließ diese Arbeit bereits früh verschiedenen anderen Autoren, ohne allerdings auf sein Einspruchsrecht zu verzichten. Ein Recht, von dem er denn auch gerne und ausgiebig Gebrauch machte.

Earl Van Dyke

Neben Smokey Robinson, der vor allem mit den Miracles, Mary Wells und bis Mitte der 60er Jahre mit den Temptations zusammenarbeitete, prägten besonders ab 1963 Lamont Dozier und die Brüder Eddie und Brian Holland den *Motown*-Sound. Die Holland-Brüder strebten zunächst eine Karriere als Sänger an. 1958 veröffentlichte Brian Holland bei *Kudo Records* in Detroit die Single „Shock“, eine frühe Gordy Produktion. Der 1939 in Detroit geborene Eddie Holland lieh in den 50er Jahren seine Stimme den Demoversionen der Gordy Kompositionen für Jackie Wilson, eigene Aufnahmen blieben zunächst erfolglos. Lamont Dozier stammte ebenfalls aus Detroit, er wurde dort 1941 geboren, und gehörte Ende der 50er Jahre als ‚Lamont Anthony‘ zu den zahlreichen Künstlern, die beim *Anna Label* der Gordy-Schwestern unter Vertrag standen. Bei *Motown* arbeitete Brian Holland zunächst als Toningenieur und unter anderem mit Robert Bateman (unter dem Pseudonym ‚Brianbert‘) als Komponist für The Marvelettes. Sein Bruder Eddie versuchte zu dieser Zeit sein Glück als Sänger bei *Motown*, nahm mit „Merry-Go-Round“ (1959) eine der ersten *Motown*-Singles überhaupt auf und konnte mit „Jamie“ 1962 einen mittleren Erfolg als Jackie Wilson Verschnitt landen. In diesem Jahr kam Dozier mit dem *Anna Label* zu *Motown*. Auch er nahm zunächst mit bescheidenem Erfolg eine Single („Fortune Teller Tell Me“) auf. Dann schloß er sich dem Komponistenteam Freddie Gorman und Brian Holland an. Als sich Gorman ab 1962 mehr um seine Arbeit als Leadsänger der Originals kümmerte, trat Eddie Holland an seine Stelle und das legendäre H-D-H Trio war komplett. Innerhalb des Teams entwickelte Lamont Dozier die Grundideen für die Songs, Eddie Holland half bei den Texten und der Melodieführung aus, während Brian Holland das Arrangement besorgte.

Ihre einprägsamen Refrains und der zyklische Aufbau ihrer Arrangements und Produktionen basierten stets auf dem gleichen Grundmuster, das beim Hörer sofort ein Gefühl der Vertrautheit erweckte. Es gelang ihnen ihre einmal gefundene Formel „zu einem eigenen Kunstwerk zu kultivieren“, wie die Rockkritiker Joe McEwen und Jim Miller befinden. Das dynamische Trio Holland-Dozier-Holland prägte mit seinen markanten Arbeiten die Form aus, die heute noch weitgehend mit dem identifiziert wird, was man den *Motown*-Sound nennt. Einschränkend muß hinzugefügt werden, daß nicht alle Produktionen, die das Gütesiegel H-D-H trugen, auch aus der Feder des Trios flossen. Ab Mitte der 60er Jahre zeigte der permanente Streß, immer neue und bessere Hits zu schreiben, seine Folgen. Ihre Kreativität erlahmte und andere Komponisten wie der kanadische Sänger R. Dean Taylor mußten die Hitmaschinerie unterstützten. Aber die Firmenleitung bestand darauf, daß die Helfer ungenannt blieben, um den verkaufsfördernden Mythos des ‚genialen' Trios nicht anzukratzen. Zu den bevorzugten Schützlingen des kompositorischen Dreigestirns gehörten neben The Supremes die Four Tops und Martha & The Vandellas.

Lamont Dozier, Brian und Eddie Holland (v. l. n. r.) Mitte der 60er Jahre

Als Ende der 60er Jahre eine Vertragsverlängerung des Trios anstand, zeigten sie sich von Gordys Angebot enttäuscht. Sie forderten eine generösere Beteiligung an den Millionenumsätzen ein, die sie durch ihre Kreativität und ihren Namen *Motown* bescherten. Die Unstimmigkeiten eskalierten zu einem jahrelangen Rechtsstreit. Das Komponisten- und Produzententeam verließ 1968 *Motown* im Zorn, um sich mit den eigenen Plattenlabels *Hot Wax* und *Invictus* selbständig zu machen. Und so kam es zu dem Paradox, daß die besten Hits im guten alten *Motown*-Sound zu Beginn der 70er Jahre nicht mehr von den Supremes oder den Four Tops kamen, sondern von *Invictus*-Interpreten wie Honey Cone, Freda Payne oder Chairmen Of The Board. 1973 verließ Lamont Dozier das Trio, um endlich wieder eigene Platten aufzunehmen.

Lassen sich die Inspirationsquellen des Trios H-D-H in den sich steigernden Kadenzen jubilierender Gospelchöre finden, so orientierte sich Norman Whitfield, ebenfalls Komponist und Produzent in Personalunion, an den repetitiven Phrasen des Blues. Er weitete sie in weiträumige rhythmische Arrangements aus, akzentuierte sie mit frechen Bläserphrasen und verband sie mit eingängigen Melodien. Mit 18 Jahren war er bereits 1959 zu *Motown* gestoßen. Doch bis Mitte der 60er Jahre blieb sein Anteil an der gut geölten Hitmaschinerie eher bescheiden. Mit seinen Kompositionen führte er Marvin Gaye, Gladys Knight & The Pips und ab 1966 vor allem die Temptations in die Hitparaden. Während Whitfields Stärke eher die Melodien und die Arrangements waren, arbeitete er bei den Texten mit wechselnden Partnern zusammen, zunächst mit Eddie Holland, später vor allem mit dem *Motown*-Veteranen Barrett Strong („Money (That's What I Want)", 1959). Nach dem Weggang des H-D-H Teams war er für einige Zeit *Motowns* wichtigster Hitgarant, um 1970 galt er sogar als der erfolgreichste Produzent Amerikas.

In den 70er Jahren, als er vor allem mit The Temptations die dreiminütige Kurzform der Single verließ und seine rhythmischen Phantasien unter dem Einfluß der psychedelischen Sounds von Sly Stone immer mehr ausweitete, gerieten ihm seine bombastischen Produktionen nicht selten zu ermüdenden Klanggebirgen, die die Interpreten zu bloßen Statisten degradierten. So waren The Temptations auch zumeist von der Studioarbeit ausgeschlossen. Während sie auf Tournee waren, feilte Whitfield seine Produktionen am Mischpult bis ins kleinste Detail aus, und The Temptations durften nach ihrer Rückkehr nur noch ihre Stimmen hinzufügen.

Whitfield verließ 1974 *Motown*, um eine eigene Produktionsfirma zu gründen. Er arbeitete dabei mit verschiedenen ehemaligen *Motown*-Künstlern wie Junior Walker oder The Undisputed Truth, die er zuvor schon erfolgreich betreut hatte, zusammen. Vor allem mit der Band Rose Royce und dem Soundtrack zu dem Film „Car Wash" konnte er 1976 noch einmal an alte Erfolge anknüpfen.

Ebenfalls erfolgreich in der Bearbeitung klassischer schwarzer Musikformen für den weißen Markt zeigten sich Nickolas Ashford und Valerie Simpson. Das Duo hatte bereits für Ray Charles („Let's Go Get Stoned", 1966) gearbeitet. Da *Motown* nach zwei erfolglosen Platten mit Valerie Simpson kein Interesse daran zeigte, sie auch als Interpreten zu fördern, verließen sie die Plattenfirma 1972 wieder und arbeiteten als unabhängige Produzenten (unter anderem für ihren alten Arbeitgeber *Motown*) wie auch als Gesangsduo erfolgreich weiter.

Unter ihrer Aufsicht entstanden vor allem die Duette zwischen Marvin Gaye und Tammi Terrell, sowie Diana Ross' erste Soloaufnahmen. Bei Arbeiten wie „Ain't No Mountain High Enough" (1967) verbanden sie in klassischer Soulmanier säkularisierte Gospeltexte mit opulenten Orchesterarrangements.

Ein weiterer wichtiger Produzent und Komponist ist der bereits erwähnte Frank Wilson. Er durfte nicht nur sein Glück unter anderem mit den von Diana Ross und H-D-H verlassenen Supremes versuchen, sondern konnte vor allem bei den Four Tops erfolgreich für Lamont Dozier und die Gebrüder Holland einspringen. Seine elegischen, balladesken und oft großformatig orchestrierten Arbeiten sind typisch für den ‚Whitebread Soul' *Motowns* Ende der 60er Jahre und nahmen den Phillysound der 70er Jahre vorweg, der den integrativen Kurs *Motowns* zum weißen Mainstream am konsequentesten und erfolgreichsten fortführte.

3.

The Sound Of Young America

Schwarze Sounds zwischen Memphis und Chicago

Während in Detroit seit Beginn der 60er Jahre die Gospelchöre und Bluesphrasen, die Pioniere wie Ray Charles Mitte der 50er Jahre in den Soul überführt hatten, erfolgreich am Fließband zum ,Sound Of Young America' aufbereitet wurden, entwickelte sich die schwarze Musik auch anderswo in den Vereinigten Staaten zu einem bedeutenden Faktor der Popularmusik. Ihre wichtigsten Zentren lagen im Süden, vor allem in Memphis, sowie in Chicago und in New York. Unten im tiefen Süden und oben im industrialisierten Norden entwickelte die lokale Musikszene ihre eigenen, unverwechselbaren Ausprägungen, eben den ,Memphis-Sound' und den ,Chicago-Sound'. New York hingegen erwuchs seine Bedeutung schlicht dadurch, daß dort die Firma *Atlantic* ihren Sitz hatte, neben *Motown* wohl wichtigster Produzent in Sachen schwarzer Musik. Außerdem übernahm *Atlantic* den Vertrieb der Aufnahmen des *Stax*-Labels, dem bedeutendsten Vertreter des Memphis-Sounds.

Daneben gab es eine Reihe wichtiger Soul-Stilisten wie Ray Charles, Sam Cooke oder James Brown, die früh eigene Wege gingen und damit die Richtung für andere wiesen. Ray Charles spielte seine ersten Aufnahmen, die Blues und Gospel mischten und als Initialzündung für die Entwicklung des Soul gelten dürfen, 1956 für *Atlantic* ein. Anfang der 60er Jahre wechselte er die Plattenfirma, verlor zunehmend das Interesse am reinen R&B oder Soul und versuchte erfolgreich den Brückenschlag zum ,weißen' Country & Western und zum Jazz. Stilprägend erwies sich auch der bereits 1964 verstorbene ehemalige Gospelsänger Sam Cooke, der mit seinen zumeist balladesken Songs ähnlich wie *Motown* schon früh schwarze Musik am weißen Markt etablierte. Anders James Brown, dessen expressiver Vortrag zu kantigen Rhythm & Blues Riffs vor allem in den Schwarzenghettos der Großststädte geschätzt wurde und bis in den Rap und HipHop der ausgehenden 80er Jahre fortwirkte.

Ray Charles

Während *Motowns* Aufstieg untrennbar mit dem persönlichen und geschäftlichen Ehrgeiz des schwarzen Unternehmers Berry Gordy verbunden ist, hat der Memphis-Sound seine unmittelbaren Wurzeln in den spezifischen musikalischen Ausdrucksformen des Südens der USA: dem Gospel, dem Blues und auch der Country Music. „Wenn *Motown* für die Ghettos des Nordens steht, deren Bewohner langsam in die Welt der noblen Superschlitten und plüschigen Clubs vordringen, dann wäre *Stax* mit dem Mississippi vergleichbar, der über die Ufer der sechziger Jahre dringt", notiert zutreffend der Produzent und Journalist Arnold Shaw.

Obwohl sich *Stax* in Memphis im Gegensatz zur wohlkalkulierten urbanen Tanzmusik *Motowns* gerade an den traditionellen Formen schwarzer Musik orientierte, wurde das Label 1959 von dem weißen Geschäftsmann Jim Stewart gegründet und bis zum Ende der 60er Jahre geleitet. Allerdings war sein Vizepräsident der Farbige Al Bell. Ein Paradoxon, das sich bis in die legendäre Hausband des Studios fortsetzte, Booker T & The MG's. Auch hier musizierten schwarze und weiße Musiker einträchtig zusammen und produzierten Sounds, die ‚schwärzer' waren als alles, was aus dem Hause *Motown* kam. Ein Stückchen von Martin Luther Kings großem Traum vom brüderlichen und produktiven Nebeneinander der Rassen verwirklichte sich so auch im kleinen Studio in Memphis' East Lemore Street. Und die taufte Stewart in Abgrenzung zum großen Konkurrenten im Norden und dessen Parole vom ‚Hitsville U.S.A' selbstbewußt auf den Namen ‚Soulsville/USA'.

Booker T. & the MG's prägten zusammen mit der Bläser-Sektion der Mar-Kays das musikalische Profil des Memphis-Sounds. Mit ihrem zurückhaltend instrumentierten Rhythmusgerüst aus Baß, Schlagzeug und Orgel legten sie das Fundament, das durch sparsame Bläsersätze akzentuiert wurde. Die schwarzen Interpreten intonierten vor diesem Hintergrund in beschwörender Inbrunst Texte, die vordergründig von alltäglichen Situationen handelten, aber durch die Art des Vortrags zu einer säkularen Predigt wurden, die über den individuellen Erfahrungshorizont hinauszuweisen schien.

Zu den ersten Aufnahmen bei *Stax* gehörte ein Duett des prominenten lokalen Radio-Discjockeys Rufus Thomas mit seiner Tochter Carla, „Cause I Love You" (1960), das Jerry Wexler, Chef der Plattenfirma *Atlantic,* auf *Stax* aufmerksam werden ließ. *Atlantic* sicherte sich zunächst die nationalen Vertriebsrechte an dieser Aufnahme und übernahm bald darauf bis 1968 den gesamten Vetrieb der *Stax*-Produkte. Wenn auch „Cause I Love You" landesweit nur auf wenig Resonanz stieß, bescherte Carla Thomas als Solistin mit „Ghee Whiz! (Look at His Eyes)" (1961) *Stax* die erste Goldene Schallplatte. Weitere bedeutende Interpreten bei *Stax* waren Rufus Thomas als Solist, das Duo Sam & Dave, Eddie Floyd und Otis Redding. Zu den wichtigsten Produzenten und Komponisten des Labels gehörten das Duo Isaac Hayes und David Porter sowie der weiße Gitarrist Steve Cropper.

Die unmittelbare, frische Qualität der Aufnahmen aus den *Stax*-Studios, die auf der entspannten Session-Atmosphäre beruhte, wobei unter anderem die Begleitung für die Sänger zumeist erst während der Aufnahme ausgearbeitet wurde, motivierte den Vertriebspartner *Atlantic*, eigene Künstler wie den Detroiter Sänger Wilson Pickett nach Memphis zu schicken. „Memphis stand für eine Rückkehr zu einer insgesamt improvisierteren Spielweise, zu einer beständigen, klaren Rhythmusgruppe, weg von den Arrangeuren", beschreibt Wexler - wohl auch mit einem Seitenblick auf *Motown* - seine Gründe.

Die 1948 gegründete Plattenfirma *Atlantic* war zu Anfang als Jazz- und Blues-Label konzipiert und entwickelte sich ab 1953 unter der Leitung ihres neuen Mitinhabers Jerry Wexler zum Marktführer im Bereich der schwarzen Musik. Wexler initiierte Ray Charles historische Aufnahmen Mitte der 50er Jahre; und die Firma veröffentlichte klassische schwarze Vokalgruppen wie die Drifters - einschließlich der Solo-Alben ihrer Leadsänger Clyde McPhatter und Ben E. King - sowie die Coasters und die Clovers. In den 60er Jahren gehörten Sänger wie Wilson Pickett, Solomon Burke, Percy Sledge und Aretha Franklin zu ihren umsatzstärksten Interpreten. *Atlantics* Stärke lag weniger darin, sich durch einen spezifischen Sound zu profilieren, sondern vielmehr darin, herausragende Musiker und Produzenten an sich zu binden. Dazu gehörten neben anderen der schwarze Saxophonist King Curtis, dessen markantes Spiel viele Aufnahmen der 50er und 60er Jahre prägte, und das weiße Produzententeam Jerry Leiber und Mike Stoller, das vor allem die Drifters und Ben E. King betreute. In ihren Arbeiten verschmolzen sie klassische schwarze Musiktraditionen mit weißer Popkultur. Zu einprägsamen Melodien erfanden sie originelle Texte, die in witziger Form jugendliche Wünsche und Hoffnungen widerspiegelten. Diese hochbrisante kommerziell erfolgreiche Mixtur nahm Ende der 50er Jahre bereits wichtige Elemente des *Motown*-Sounds vorweg.

Percy Sledge

Wenn sich die Veröffentlichungen auf *Atlantic* in den 60er Jahren im Gegensatz zu *Motown* stärker an den Wurzeln schwarzer Musik wie dem Gospel und dem Blues orientierten, so lag das daran, daß man bei den Aufnahmen zunächst mit den *Stax*-Studios und später mit den ähnlich ausgerichteten *Muscle Shoals*-Studios in Florence, Alabama, zusammenarbeitete. Auch sollte nicht vergessen werden, daß der kommerzielle Erfolg bis etwa 1966 zum überwiegenden Teil durch schwarze Käufer erzielt wurde. Erst mit Percy Sledges „When A Man Loves A Woman" (1966) und mit Otis Reddings posthum veröffentlichten „The Dock of the Bay" (1967) gelang der massive Einbruch in den weißen Popmarkt.

Das dritte bedeutende Zentrum schwarzer Musik lag in den 60er Jahren in Chicago. Diese Stadt hatte schon immer als Bluesmetropole des Nordens gegolten, bedeutende Bluesmen wie Jimmy Reed, Muddy Waters, Sonny Boy Williamson oder John Lee Hooker hatten hier ihre Platten aufgenommen. Das bereits weiter oben erwähnte *Vee-Jay*-Label hatte in den 50er und 60er Jahren mit den Spaniels und den Dells zwei erfolgreiche Vokalgruppen, die sich neben den Künstlern der Konkurrenten *Motown* und *Atlantic* behaupten konnten. Der sogenannte Chicago- Sound aber ist vor allem mit drei Namen verknüpft: Curtis Mayfield, Carl Davis und Johnny Pate.

Der aus Chicago stammende Soul-Pionier Mayfield hatte bereits 1958 mit der beschwörenden Hymne „For Your Precious Love“ Standards für die schwarze Musik gesetzt. Anfang der 60er Jahre schloß er sich mit seiner Gruppe The Impressions dem *Okeh*-Label in Chicago an, wo er in den folgenden Jahren auch für andere Künstler dieser Firma arbeitete.

Die Plattenfirma *Columbia* hatte zu Beginn der 60er Jahre auf Anraten ihres schwarzen A&R-Managers Carl Davis ihr renommiertes Blues-Label *Okeh* reaktiviert. Davis verpflichtete Künstler wie Gene Chandler, Major Lance und Billy Butler sowie den Arrangeur Johnny Pate für das wiederbelebte Label.

Curtis Mayfield hatte sich zwar bereits als erfolgreicher Komponist profiliert, aber mit seinen Arrangements waren Davis und Pate nicht zufrieden. Sie kappten seine Streicherparts und schärften den Wiedererkennungswert durch Bläserspitzen und Schlagzeugeinsatz. In bewußter Abgrenzung zum stark orchestrierten *Motown*-Sound setzte man bei *Okeh* insgesamt auf sparsame Arrangements und einen eleganten Sound. Der erste große Hit aus dieser Zusammenarbeit war „The Monkey Time“ (1963) von Major Lance, von Mayfield geschrieben, von Pate arrangiert, und die Produktion lag in den Händen von Davis. Er formte aus Mayfields vertrackter Rhythmik, Pates knalligen Trompetenklängen und der eher ausdrucksarmen Stimme von Major Lance ein Klangbild, das bereits die wichtigsten Bestandteile des Chicago-Sounds enthielt. In der zweiten Hälfte der 60er Jahre zerbrach das erfolgreiche *Okeh*-Team, Mayfield versuchte, sich in mehreren zunächst vergeblichen Anläufen selbständig zu machen, und Carl Davis verließ *Okeh*, um für das ebenfalls in Chicago ansässige *Brunswick*-Label Jackie Wilson, Tyrone Davis und die ehemalige *Motown*-Sängerin Mary Wells zu produzieren. Vor allem Wilson und Davis konnten sich bis Ende der 60er Jahre immer wieder in den Charts behaupten.

Weitere bedeutende Interpreten des Chicago-Sounds waren The Chi-Lites für *Brunswick*, sowie auch Etta James, Fontella Bass und Little Milton, die beim traditionsreichen Blues-Label *Chess* unter Vertrag standen. *Chess* orientierte sich bei der Orchestrierung seiner Aufnahmen erfolgreich am *Motown*-Sound.

In Chicago wie auch in Memphis war der Einfluß der erfolgreichen Hitfabrik aus Detroit wenn auch nicht immer hörbar, so doch wenigstens unterschwellig vorhanden. Einer der führenden *Stax*-Komponisten, Isaac Hayes, dessen Arbeiten in den 60er Jahren gewiß keine Parallelen zu *Motown* zeigen, brachte diese oftmals zwiespältige Bewunderung für den großen Rivalen auf den Punkt: „Es gab da so eine Redensart unter Schwarzen, daß die Weißen es einfach nie lernen würden, zum Takt der schwarzen Musik zu klatschen. Was *Motown* machte, war ziemlich gerissen. Sie schlugen den Kids den Beat einfach lautstark um die Ohren. Das hörte sich für uns bei *Stax* zwar nicht mehr sehr nach Soul an, aber Mann, es verkaufte sich."

Curtis Mayfield (r.) & The Impressions um 1969

A Brand New Beat

Wie immer man es nennen will, sei es nüchtern der *Motown*-Sound, sei es emphatisch „A Brand New Beat", wie es 1964 in „Dancing In The Street" von Martha & The Vandellas heißt, oder einfach salopp „guter Lärm zum Tanzen" (Nik Cohn) - die Formel, nach der die Hits aus Detroit gestrickt wurden, blieb im wesentlichen immer die gleiche. Das hatte seinen Grund: „Durch einen typischen Sound mußte dafür gesorgt werden, daß der Hörer es sofort mit Vertrautem zu tun hatte, und eine findige Komposition stellte sicher, daß man das Interesse nicht verlor", notiert der deutsche Soul-Spezialist Gerald Hündgen und weist darauf hin, daß die Produzenten bei ihren knalligen und lärmigen Arrangements vor allem „das Kofferradio, den Billigplattenspieler und die Musikbox vor Ohren" hatten.

Fragt man die Macher selbst danach, was denn diesen typischen Sound ausmacht, verstecken sie sich gerne hinter Euphemismen. Für Smokey Robinson ist der *Motown*-Sound schlicht „ein Wunder. Es war einfach so verdammt gute schwarze Musik - so eingängig, so tanzbar, so romantisch, so echt - daß sie jeder einfach lieben mußte." So kalkuliert der Sound auch klang, seine Magie, sein Erfolg beruhte auf Menschen, die mit Begeisterung bei der Sache waren - auch wenn manche von ihnen heute die Dinge in einem etwas anderem Licht sehen. Was die Leute bei *Motown* aber taten, war denkbar einfach. Nik Cohn bringt es in seiner unverwechselbaren Diktion auf den Punkt: „Die Songs haben alle einen Ohrwurmrefrain, der wiederholt und heimgehämmert wird ad nauseam, und der Beat schlägt unverändert schwer, und die individuellen Stimmen sind nur sekundär gegenüber dem Gesamtsound."

Als erste lupenreine Songs im *Motown*-Sound dürfen wohl die 1964 veröffentlichten Singles „Baby Love" von den Supremes und „Baby I Need Your Loving" von den Four Tops gelten, beide komponiert und produziert vom Trio Holland-Dozier-Holland. „Drumsticks hämmerten wuchtig den Takt ins Schlagzeug, der durch Tamburin, Gitarre und oft auch durch Vibraphon noch zusätzlich betont wurde, während der Bass vorwärts stampfte wie eine rasende Lokomotive. Gitarre und Klavier und Orgel wurden in einen vollgepackten Mittelteil gestopft und schräg arrangierte Streicher drückten sich im Hintergrund rum", notiert *Motown*-Chronist Nelson George hingerissen. „Wir holten uns die Einfälle für die Songs aus den Seifenopern im Fernsehen, aus Zeitschriften oder einfach, indem wir uns Situationen zusammenphantasierten. Unsere Songs richteten sich hauptsächlich an Mädchen, weil sie die größte Käuferschicht ausmachten", erläuterte Lamont Dozier in einem Interview des Melody Maker die Arbeitsweise des Trios. „Außerdem hatten unsere Nummern nicht nur eingängige Melodien, sondern auch Texte, mit denen sich Mädchen identifizieren konnten."

Ein Ergebnis dieser Arbeitsweise ist zum Beispiel „You Can't Hurry Love", das Brian und Eddie Holland gemeinsam mit Lamont Dozier auf dem Höhepunkt ihrer erfolgreichen Zusammenarbeit mit den Supremes im Jahr 1965 für sie komponierten und produzierten.

Die Grundspannung dieses Liedes liegt vor allem in der fast gleichgewichtigen Verteilung von Rhythmus, der von Baß und Schlagzeug akzentuiert wird, und der die Melodie tragenden Stimme von Diana Ross, die sich gegen den pumpenden vorwärtstreibenden Tanzbeat durchsetzen muß. Typisch für den *Motown*-Sound ist beim Rhythmus der vom Baß vorgegebene Beat, dem das Schlagzeug den unruhigen Off-Beat entgegenhält.

Ein zweites wichtiges Element ist der ebenfalls typische zyklische Aufbau. Die noch vor der Melodie einsetzende Rhythmus-Sektion wird im Verlauf des Liedes immer wieder durch Tamburin, Rhythmusgitarre und akzentuierte Bläserparts gestärkt. Die helle Leadstimme trägt die einprägsame Melodie und steigert sie durch ihren zunehmend expressiven Vortrag und die im Refrain stete Wiederholung der Titelphrase. Auf der melodischen Ebene wird die Stimme von Diana Ross durch die Chorbegleitung von Florence Ballard und Mary Wilson sowie durch den Pianoeinsatz unterstützt. Zugleich aber bilden Chor und Piano in ihrer oftmals stark rhythmischen Akzentuierung die Brücke zwischen dem durch den Off-Beat zum Tanzen animierenden Rhythmus und der das Lied tragenden Melodie. „Aber der Schlüssel war immer die Melodie. Die Akkorde halfen nur dabei sie aufzupolieren, waren gewissermaßen der Zuckerguß oder sorgten für ein bißchen Dramatik", so Brian Holland.

Diana Ross & The Supremes

Das komplexe Arrangement von vokalen und instrumentalen Elementen ist zugleich auch Ausdruck des für jene Jahre hohen technischen Niveaus der Detroiter Studios. Melodie und Rhythmus bildeten die Basis, der in Mehrspurtechnik z.B. Chor, Tamburin oder Bläserparts je nach dramatischer Notwendigkeit hinzugefügt wurden, um so ein vielschichtiges Klangbild zu erzeugen.

Auch finden sich hier die für *Motown* in typischer Weise geglätteten klassischen Muster schwarzer Musik wieder. Der Off-Beat übernimmt in vereinfachter Form die Polyrhythmik afroamerikanischer Musik. Im Wechselspiel zwischen Leadstimme und Chor scheint das aus dem Gospel herrührende ‚Call and Response'-Schema auf. Die zyklische Steigerung des Liedes ist den sich aufschaukelnden jubilierenden Chorussen des Gospels entlehnt. Und den expressiven Ausdruck des Rhythm & Blues imitiert Diana Ross in scheinbar spontan eingeworfenen Phrasen wie „Yeah" und Füllwörtern wie „Now" oder „But".

Der Text handelt vom klassischen Teenager-Konflikt: rebellierendes Aufbegehren contra elterliche Bevormundung, hier zwischen Tochter und Mutter. Das Thema wird nicht nur im Finale ganz im Sinne der Mutter entschieden - schon vorher spricht die Mutter nicht direkt - ihre Einwände hat das Kind schon längst verinnerlicht und erinnert sie nur:

I need love, love, to ease my mind
I need to find, find, someone to call mine
But mama said
You can't hurry love
No, you just have to wait
She said love don't come easy
It's a game of give and take
You can't hurry love
No, you just have to wait

Vordergründig ist da die Tochter, die brav dem mütterlichen Rat folgt. Auf den ersten Blick also ein Lied, das ganz im Sinne bürgerlicher weißer

Moral eine bekehrte Rebellin vorführt. Doch ebenso wie das geglättete Arrangement noch deutliche Spuren schwarzer Musiktraditionen aufweist, deutet auch die Zwiesprache zwischen ‚suchender' Tochter und ‚weiser' Mutter auf die Frage des Irrenden oder Sünders im Gospel, der sich Rat beim Prediger sucht. Geschickt ist gleichermaßen der im Finale bei näherem Hinhören deutliche Hinweis auf sexuelle Wünsche:

But I keep on waiting, anticipating
For that soft voice to talk to me at night
For some tender arms to hold me tight

Daß „at night" in den „tender arms to hold me tight" mehr als nur unverbindliche Zärtlichkeiten ausgetauscht werden können, dürfte auch 1966 für amerikanische Teenager keine fremde Vorstellung gewesen sein.

Diese diffuse Doppeldeutigkeit, vordergründig ein geglätteter, sauberer Popsong, während hintergründig musikalisch wie textlich schwarze Musik und ihre mehrdeutigen Chiffren einfließen, ist typisch für *Motown* und auch maßgeblich für den großen Erfolg des Detroiter Plattenlabels. So paßten die Lieder und ihre Interpreten in jede große TV-Show. Doch hinter der glatten Fassade lockte dieser reizvolle unterschwellige Kitzel von Schweiß und Sexualität, den Schwarze und ihre Musik für die weißen Amerikaner verkörperten.

Epigonen und Erben

Natürlich verfolgte die Konkurrenz den kommerziellen Erfolg der Hitfactory aus Detroit mit neidischen Blicken. Versuche, mit lukrativen Lockangeboten die *Motown*-Familie aufzubrechen, zeigten zunächst kaum Wirkung. Nur wenige Künstler wie Mary Wells oder Supremes' Sängerin Florence Ballard ließen sich überreden, „Hitsville U.S.A." zu verlassen. Ihren neuen Vertragspartnern gelang es jedoch nicht, die Ex-Motowner mit einer erfolgreichen Hit-Formel am Markt zu halten. Insgesamt aber stieg in Amerika in den 60er Jahren das Interesse an Schwarzer Musik stark an. Die Gründe dafür sind vielfältig; ein Faktor war sicherlich der Erfolg, den *Motown* mit Schwarzer Musik am weißen Pop-Markt hatte. Vor allem das allgemeine politsche Klima begünstigte diesen Trend. Das steigende schwarze Selbstbewußtsein im Gefolge von Bürgerrechtsbewegung und zunehmender Politisierung, das nach Ausdruck und Bestätigung gerade auch im künstlerischen Bereich verlangte, dürfte hier eine entscheidende Rolle gespielt haben.

Schwarze Künstler wie Curtis Mayfield sahen sich durch den Erfolg *Motowns* bestätigt und bestärkt in ihrer Ansicht, daß es durchaus möglich sein müßte, bei entsprechender Instrumentierung und bei entsprechendem Arrangement über Rassenschranken hinaus erfolgreich zu sein. Mayfield, der sich überdies auch nicht zu schade war, seinen Impressions schon mal den attraktiven *Motown*-Beat mit Tambouringerassel zu verordnen (z.B. bei „Meeting Over Yonder" oder „You've Been Cheatin'", beide 1965), nutzte dies allerdings oft, um seine hoffnungsstiftende Botschaft vom friedlichen Miteinander und seine beschwörenden Appelle an das schwarze Selbstbewußtsein einem breiten Publikum nahe zu bringen.

Motowns Botschaft vom Erfolg des tüchtigen Schwarzen in einer weißen Gesellschaft und seine Annäherungen an den weißen Musikgeschmack machten sich vor allem zwei Herren aus Philadelphia zu eigen: die schwarzen Komponisten und Produzenten Kenny Gamble und Leon

Huff. Ironischerweise im gleichen Jahr, in dem Gordy seinen Umzug nach Los Angeles einleitete und damit das Ende des Goldenen Zeitalters für *Motown* einläutete, nämlich 1967, lancierten Gamble und Huff ihren ersten Hit. Es folgte eine Serie erfolgreicher Produktionen mit dem ehemaligen Impressions Sänger Jerry Butler, und als *Motown* Anfang der 70er Jahre den Umzug nach Los Angeles abschloß, gründeten Gamble und Huff ihre Firma *Philadelphia International Records*. Sie gilt nach allgemeiner Einschätzung neben *Motown* als das erfolgreichste Musikunternehmen in schwarzer Hand.

Jerry Butler

Schärfer noch als die Detroiter Hitfabrik schliffen sie Ecken und Kanten ihrer Musik ab, bereiteten ihre Produktionen mit üppigen Streicherarrangements und dem Einsatz von Instrumenten wie Vibraphon und Marimba für den Mainstream Markt auf. Ähnlich wie Gordy strukturierten sie die Schar ihrer Interpreten, wobei z.B. die Three Degrees nach dem Vorbild der Supremes geformt wurden, Harold Melvin & The Blue Notes den Four Tops folgten, The O'Jays den Temptations. Kenny Gamble und Leon Huff lassen sich mit Fug und Recht als *Motowns* legitime Erben bezeichnen. Die Kreativen ihrer Hitfabrik setzten mit den Mitteln und Möglichkeiten der 70er Jahre den Weg fort, den in den 60er Jahren Leute wie das Holland-Dozier-Holland-Trio oder Smokey Robinson beschritten hatten.

Harold Melvin & The Blue Notes

In den 70er Jahren entdeckten zunehmend weiße Interpreten *Motown*, und setzten die musikalische Sozialisation, die sich mit den Hits der Supremes und der Temptations vollzogen hatte, in eigene Werke um. Sängerinnen wie Linda Ronstadt oder Maria Muldaur griffen bei der Zusammenstellung ihres Repertoires auf Kompositionen von Smokey Robinson zurück. Und wenn zum Beispiel auf Maria Muldaurs Album „Sweet Harmony" (1976) eine Smokey Robinson Komposition neben einem Musical-Schlager von Hoagy Carmichael steht, wird deutlich, in welchem Maß man in den 70er Jahren begann, *Motown* als Bestandteil klassischen amerikanischen Liedguts zu begreifen. Eine Westcoast-Band wie die Doobie Brothers coverte nicht nur *Motown*-Songs, sondern bekannte sich insgesamt zum Erbe des Detroit-Sounds. So nannte ihr Gründer Tom Johnston als wichtige Zutaten für das Klangbild seiner Band „eine *Motown*-Basis und Vocals in der Art von Stevie Wonder."

Ihr späterer Leadsänger Michael McDonald steht nur stellvertretend für viele andere weiße Sänger, die sich in ihrem Vortrag deutlich von schwarzen Vorbildern, die nicht selten bei *Motown* zu finden waren, leiten ließen. In diesem Zusammenhang sei auch auf das weiße Duo Hall & Oates verwiesen, das seine *Motown*-Vorliebe unter anderem live mit einem Medley bekannter Temptations-Hits dokumentierte. 1985 ließen sie sich bei einem Auftritt im legendären Apollo Theatre sogar von den ehemaligen Temptations Sängern David Ruffin und Eddie Kendricks begleiten.

Anders war die Situation in Großbritannien. Schon zu Beginn der 60er Jahre galt es unter weißen Jugendlichen als hip, für die Musik auf den zumeist schwer erhältlichen Platten schwarzer Rhythm & Blues Interpreten zu schwärmen. Das führte zum einen zu einer ausgeprägten Vorliebe britischer Musiker für den Blues und zum anderen zur sogenannten ‚Northern Soul'-Szene, die vor allem von den sogenannten ‚Mods' getragen wurde. Diese Szene verstand sich als elitärer Zirkel, deren Mitglieder sich in punkto äußerlichem Verhalten und Musikgeschmack von ihren Altersgenossen unterschieden. Zu ihren bevorzugten Interpreten gehörten wenigstens bis 1965, dem Jahr, als die britische Filiale des Detroiter Konzerns unter dem Namen *Tamla-Motown* den Supremes Hit „Stop! In The Name Of Love" landesweit veröffentlichte, auch *Motown*-Gruppen wie Smokey Robinson & The Miracles oder die Temptations. Bands wie The Beatles oder The Rolling Stones zollten der Musik ihrer Vorbilder vor allem zu Beginn ihrer Karriere mit Cover-Versionen Respekt; dabei griffen sie in großem Maße auf *Motown*-Material zurück. Die Rolling Stones coverten z.B. die Holland-Dozier-Holland Komposition „Can I Get A Witness" (1964) oder den Marvin Gaye Hit „Hitchhike" (1965); der Miracles Hit „Going To A Go Go" hatte bis in die 80er Jahre seinen festen Platz in ihrem Live-Repertoire. Mick Jagger meinte später dazu: „Ursprünglich spielten wir nur das, was uns gefiel -

also R & B. Ich kaufte einmal Barret Strongs „Money", ein großer R & B-Hit in Amerika, der in England nie ein Erfolg wurde."

Begrüßung der Großbritanien-Tour durch Berrys Sohn Terry, Papa Gordy u. a.

Die Beatles, die ebenfalls *Motown*-Hits coverten und 1964 sogar mit Mary Wells in Großbritannien auf Tournee gingen, bekannten sich 1963 in einem Fragebogen des New Musical Express zu ihren schwarzen Gesangsvorbildern. John Lennon nannte neben dem ehemaligen Drifters-Sänger Ben E. King und der Northern-Soul-Ikone Chuck Jackson die Miracles als seine liebsten Sänger. Smokey Robinson erinnert sich nicht ohne Rührung an eine Begegnung mit den Beatles im Jahre 1964: „Sie begegneten uns nicht nur voller Respekt, sie beteten uns geradezu an. Wann immer sie Reporter nach ihren Einflüssen fragten, begannen sie geradezu von *Motown* zu schwärmen." In einem Aufsatz über die Fab Four ortete der Journalist Volker Rebell als Basis ihres markanten Harmoniegesangs die „der Gospelgesangstechnik entlehnten Vokalverflechtungen zwischen Hauptstimme und antwortenden Chorgesang"; eine Technik, die nicht zuletzt auch die Miracles perfekt beherrschten.

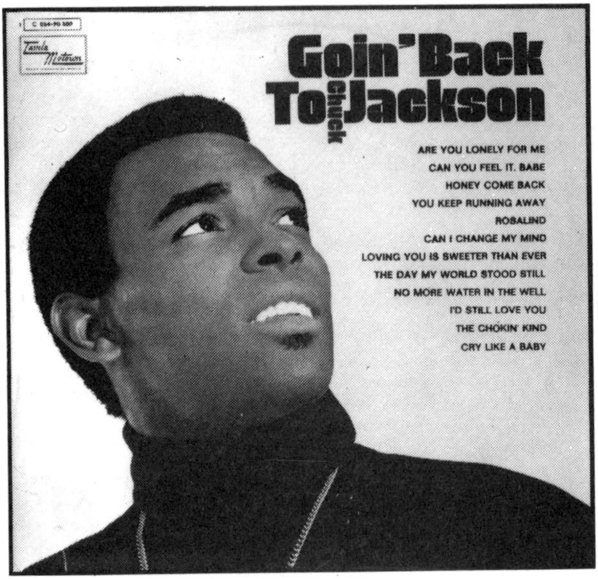

Die Einflüsse der Schwarzen Musik, und insbesondere von *Motown*, auf die britische Musik-Szene lassen sich bis heute nachweisen. So entstammt Rod Stewart, der mit seiner Hymne „The Motown Song" im Sommer 1991 vordere Plätze in den Hitparaden belegte, der Mods-Szene, so erwies die Mods-Revival-Band The Jam nicht nur auf ihrem Album „The Gift" (1982) dem *Motown*-Beat ihre Referenz, so nahmen immer wieder Sänger und Gruppen in den vergangenen zweieinhalb Jahrzehnten *Motown*-Songs auf oder verbeugten sich vor ihren Detroiter Vorbildern, wie ABC mit ihrem „When Smokey Sings" (1987) oder Spandau Ballett in „True": „Listening to Marvin (Gaye) all night long" (1983).

Auch die Musik des Sängers, Komponisten und Multi-Instrumentalisten Phil Collins verweist immer wieder auf *Motown*; viele seiner Kompositionen lassen sich wie einst bei *Motown* vom treibenden Off-Beat durch einen 4/4 Takt scheuchen. Seine unzweideutigsten *Motown*- Reminiszenzen bilden die Coverversion des Supremes-Hits „You Can't Hurry Love" (1982) und das im selben Jahr mit Genesis entstandene „Paperlate". Neben den ‚hörbaren' Verweisen lehnt sich auch die Umschlaggestaltung der Singleshüllen an *Motown*-Vorbilder an. Zu seiner Version des Supremes-Klassikers ließ Collins darüberhinaus ein Video fertigen, das ihn mittels elektronischer Tricks gewissermaßen mit sich selbst im Trio zeigt. Vor einigen Jahren arbeitete er in einigen Fällen sogar mit Lamont Dozier zusammen, unter anderem für die Four Tops.

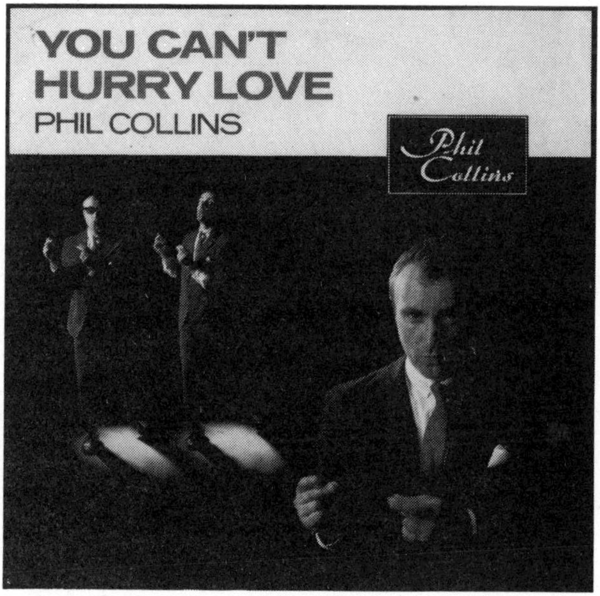

Als kurioseste Blüte der britischen *Motown*-Verehrung darf wohl das Projekt des schwerreichen Northern-Soul-Fans Ian Levine gelten. Nachdem er bereits in der zweiten Hälfte der 80er Jahre Aufnahmen unter anderem mit der ehemalige *Motown*-Sängerin Brenda Holloway auf seinem *Nightmare*-Label veröffentlicht hatte, versammelte er 1990 unter dem beziehungsreichen Label *Motor City* die stolze Zahl von 80 *Motown*-Veteranen, die zum Teil seit Jahren kein Plattenstudio mehr von Innen gesehen hatten. Mit David Ruffin, Earl Van Dyke und The Contours nahm er nicht nur *Motown*-Klassiker neu auf, sondern spielte auch diverse neue Kompositionen ein, die dem alten Detroit-Sound nachempfunden waren. Diese Aufnahmen, die durchaus nicht eines gewissen Reizes entbehren, lassen sich übrigens hierzulande in immer neuen Zusammenstellungen oft als Billig-CD's in Kaufhäusern und Supermärkten finden.

Verschiedene Musikfilme, darunter so erfolgreiche Streifen wie „The Commitments“ (1991) und „Sister Act“ (1992), bedienten sich bei der Zusammenstellung ihres Soundtracks im Soul-Fundus der 60er Jahre. Keine Frage, daß auch diverse *Motown*-Songs darunter waren. Vor allem „The Commitments“ von Alan Parker avancierte zum Kultfilm. Er erzählt die Geschichte eines irischen Northern-Soul-Fans, der davon träumt, mit einer waschechten (weißen) Soulband reich und berühmt zu werden. Der Soundtrack mit den Aufnahmen der fiktiven Commitments entpuppte sich als Millionenseller und inspirierte viele Nachahmer, sich ebenfalls am Soul-Repertoire der 60er Jahre zu versuchen.

Insgesamt aber hat in den 90er Jahren die schwärmerische Begeisterung junger angloamerikanischer Musiker für den *Motown*-Sound der 60er Jahre spürbar nachgelassen. Das läßt sich jedoch wie schon bei ihren älteren Kollegen als Generationsphänomen deuten. Die führenden Köpfe von Rap, HipHop oder Acid Jazz sind in den 70er Jahren großgeworden und suchen sich selbstverständlich dort ihre Vorbilder. Und sie finden sie eben auch bei Motownern, die in jener Dekade noch musikalisch ein Wörtchen mitzureden hatten. So bedienen sich manche Samples im HipHop z.B. bei Norman Whitfield's Disco-Collagen und viele Acidjazzer lassen hören, daß sie Gayes Meisterwerke wie „What's Going On" mit heißem Bemühen studiert haben.

Berry Gordy, Jr. in der zweiten Hälfte der 60er Jahre

Michael Jackson als Frank Sinatra mit Berry Gordy (1971)

4.

Das Ende einer Ära

Medienkonzern Motown

Einen entscheidenden Einschnitt für *Motown* markierte der Umzug von Detroit nach Los Angeles, der 1967 begann und 1972 vollzogen war. Er steht zugleich für das Ende einer Ära. *Motown* löste sich von seinen Wurzeln; die Identifikation mit der ‚Motortown' Detroit begann zu verblassen. Die Firma war auf dem Weg zu einem Medienkonzern.

Diese Entwicklung zeichnete sich bereits Mitte der 60er Jahre ab; der Konzern war immer größer geworden, die familiäre Atmosphäre verschwand zusehends, an ihre Stelle traten professionelle Unternehmensstrukturen. Das Unternehmen *Motown* beschäftigte mittlerweile 125 Angestellte, verfügte über Büros in New York und Los Angeles; *Jobete* hatte sich zu Amerikas führendem Musikverlag entwickelt. In Berry Gordys Büro hing nicht länger jene Dartscheibe, an der sich noch vier Jahre zuvor seine Sekretärin Diana Ross die Zeit vertrieben hatte. Wandgroße Lautsprecher beherrschten das Zimmer, es gab einen eingebauten Fernseher und ein Tischmikrophon, um die Konferenzen mitzuschneiden. Hinter dem Schreibtisch stand jetzt ein wuchtiger ‚Chefsessel'. Es konnte nicht mehr jeder einfach so mit seinen Fragen und Ideen direkt in Gordys Büro hineinschneien, man mußte einen Termin ausmachen, und auch der Umgangston hatte sich geändert, wie Nelson George berichtet. Es hieß nicht mehr ‚Berry, Baby' - er war jetzt für jeden ‚Mr. Gordy'.

Motown expandierte, und für den ehrgeizigen Berry Gordy schien es nur logisch, diese Expansion zu forcieren, sich nach neuen (Entertainment-) Märkten umzusehen. Dazu gehörten vor allen Dingen die Bereiche TV und Film. Der Umzug nach Los Angeles, der Hauptstadt der amerikanischen Film- und Fernsehindustrie, mag aus heutiger Sicht als Verrat an den Wurzeln erscheinen. In Gordys Augen und zu jener Zeit aber war er nur folgerichtig.

Die erste Gruppe, die 1969 in den neuen Hitsville Studios in Kalifornien ihre Songs aufnahm, war dennoch ein letztes Mal ein typisches Produkt der *Motown*-Maschinerie, die in den 60er Jahren den Konzern großgemacht hatte. Die Jackson 5 waren im Großraum Chicago bereits äußerst populär und hatten ihre Feuertaufe im New Yorker Apollo-Theater hinter sich, als *Motown* auf sie aufmerksam wurde. Den Kontakt zu Detroit stellten Gladys Knight und Bobby Taylor her. Taylor war Sänger der Vancouvers und mit dem Vater der Jackson 5, Joe Jackson, befreundet.

Die Jackson-Familie

Motown präsentierte die fünf Brüder aus Indiana als Mitglieder einer erfolgreichen, schwarzen amerikanischen Mittelstandsfamilie, die sich aus eigener Kraft nach oben gearbeitet hatten. Berry Gordy ließ der Gruppe von dem eingespielten Komponisten- und Produzententrio Freddy Perren, Fonze Mizelle und Deke Richards eine Serie kommerzieller Hits nach einem festen Soundkonzept maßschneidern. Sie bewegten sich auf genau jenem schmalen Grad zwischen Gospel, Soul und eingängiger weißer Popmusik, der schon immer das Erfolgsrezept von *Motown* ausgemacht hatte. Dazu kam eine perfekt einstudierte Bühnenshow - öffentlichkeitswirksam unterstützt durch eine Medienkampagne, in der Diana Ross als angebliche Entdeckerin der Jackson 5 herausgestellt wurde. Nachdem Berry Gordy die Jackson 5 erfolgreich am Markt etabliert hatte, wandte er sich Diana Ross und seinen Kino-Ambitionen zu.

Seit Anfang der 70er Jahre produzierte *Motown* mit Erfolg mehrere Fernsehshows. 1973 folgte schließlich der Schritt ins Kino. Der erste Film „Lady sings the Blues", die Biographie der Blues-Sängerin Billie Holiday mit Diana Ross in der Hauptrolle, erwies sich als überaus erfolgreich an den Kinokassen und brachte Diana Ross sogar eine Oscarnominierung ein. Durch diesen Erfolg fühlte sich Berry Gordy in seinen Plänen bestärkt und kündigte im folgenden weitere Filmprojekte an, in denen er andere *Motown*-Künstler, wie Smokey Robinson, Marvin Gaye und Michael Jackson herausstellen wollte. Realisiert wurden bis 1985 allerdings lediglich sechs Projekte, von denen nur „Mahogani" (1975), wieder mit Diana Ross, und die Disco-Operette „Thank God It's Friday" (1978) leidlich erfolgreich waren. Das Musical „The Wiz" (1978), das auf dem Märchen „Der Zauberer von Oz" basierte, war gar ein kommerzielles Fiasko. Allerdings ein Fiasko mit Folgen. Denn während der Dreharbeiten lernte Michael Jackson, der auch eine Rolle in dem Film übernommen hatte, seinen späteren Mentor und Produzenten Quincy Jones kennen.

Berry Gordys hochfliegende Hollywoodträume konnten nicht überdekken, daß *Motown* in den 70er Jahre nicht mehr die musikalischen Trends setzte und schon lange nicht mehr die große glückliche Künstlerfamilie war, als die sie sich nach außen hin immer gerne darstellte. Bereits im Laufe der 60er Jahre hatten unter anderem mit Brenda Holloway und Kim Weston einige zugkräftige Mitglieder ihrer ‚Familie' den Rücken gekehrt. In die Zeit des Umzugs nach Los Angeles fiel im Jahre 1968 auch der Weggang des für den *Motown*-Sound so bestimmenden Komponisten- und Produzententrios H-D-H. Die Abwanderungswelle setzte sich in den 70er Jahren fort. Den Auftakt machten 1971 The Spinners, im darauffolgenden Jahr gingen mit den Four Tops und The Miracles zwei der ältesten und wichtigsten Gruppen. 1973 folgten Gladys Knight & The Pips, 1975 The Jackson 5, 1977 The Temptations, und 1982 verließ schließlich auch Diana Ross die Firma. Die Phase der Verunsicherung und Berry Gordys Interesse für andere Projekte konnten Anfang der 70er Jahre zunächst Marvin Gaye und dann auch Stevie Wonder kreativ nutzen, indem sie sich mit eigenen musikalischen Ideen gegen den Widerstand des Firmenmanagements emanzipierten.

Nur irgendeine Plattenfirma

Motown setzte kaum neue Trends und hatte nur noch wenige Künstler, die kreativ aktuelle Stilrichtungen mittrugen. Das schlug sich auch finanziell nieder. Neben Berry Gordys Mißerfolgen im Filmgeschäft konnte *Motown* nur noch wenige Hits in den Charts plazieren und sah sich zur Mitte der 70er Jahre mit starken Umsatzrückgängen konfrontiert. *Motown* war kein Markenzeichen mehr für eine bestimmte Art von Tanzmusik, die Käufer reagierten darauf verunsichert; den erfolgreichen ‚Sound Of Young America' produzierten mittlerweile andere wie Kenny Gamble und Leon Huff in Philadelphia.

So erfolgreich Marvin Gaye, Stevie Wonder und die Temptations mit ihren Alben bis Mitte der 70er Jahre auch waren, gemeinsam war ihnen bestenfalls, daß sie nur noch wenig gemeinsam hatten. Ein einheitlicher Sound war jedenfalls nicht mehr auszumachen - und wohl auch nicht mehr zeitgemäß. Dazu kam, daß Berry Gordy sein Protegé Diana Ross hartnäckig in Richtung auf den weißen Markt, zum Mainstream, drängte und andererseits den Weggang vieler Künstler durch das Engagement unterschiedlichster anderer Gruppen und Interpreten aufzufangen suchte. So stand *Motown* in der zweiten Hälfte der 70er Jahre vor der paradoxen Situation, daß Gordys autoritäre und restriktive Geschäftspolitik die Firma aus dem Ghetto Detroits in die Finanzpaläste des millionenschweren Los Angeles geführt hatte, daß seine Politik der musikalischen Integration *Motown* zur vielleicht erfolgreichsten ‚Hitfactory' der Branche hatte werden lassen - aber nun war *Motown* plötzlich nur noch eine Plattenfirma unter vielen. Die fortwährende Anpassung an den Markt und die ständige Expansion hatten die Firma aufgerieben; das ehemals so unverwechselbare Profil war bis zur völligen Beliebigkeit verwischt.

Ein vorsichtige Wende bahnte sich Anfang der 80er Jahre an, als *Motown* anläßlich seines 25jährigen Firmenjubiläums sich und seine goldenen Jahre feierte. Künstler, die schon lange nicht mehr bei *Motown* unter Vertrag standen, kehrten für die große TV-Show „Yesterday, Today, Forever" am 25.8.1983 im Pasadena Civic Auditorium in Los Angeles für einen Auftritt in den Schoß ihrer alten Familie zurück. „Der ganze Abend war für uns alle ziemlich emotionsgeladen", erinnert sich Michael Jackson, der anfangs nur zögernd zugesagt hatte. „Es war, als wäre man wieder nach Hause zurückgekehrt."

B. Gordy feiert mit vielen Stars den 25. Geburtstag von Motown

Die emotionsgeladene Atmosphäre vermittelte sich nicht nur den fast 50 Millionen TV-Zuschauern dieser Show, sondern gab auch dem träge gewordenen Konzern einen neuen Schub. *Motown* begann sich selbst als Mythos zu begreifen, und Gordy erkannte die daraus resultierenden kommerziellen Möglichkeiten. Konsequent wurde das eigene Image vermarktet. Unterstützt durch ein in den 80er Jahren wieder aufkeimendes Interesse für den Soul klassischer Prägung gelang es, für die bereits 1980 zurückgekehrten Temptations mit einer großen ‚Reunion' wieder Aufmerksamkeit zu erregen. Norman Whitfield nahm erneut ein Album mit seinen einstigen Schützlingen auf. Gleiches galt für die Four Tops, die 1984 zu *Motown* zurückfanden und für ein Album mit ihren alten Hitlieferanten H-D-H verpflichtet wurden. Trotz dieser Rückbesinnung auf die Wurzeln und trotz einzelner überdurchschnittlich erfolgreicher Interpreten, wie Stevie Wonder oder Lionel Ritchie, blieb *Motown* im Bewußtsein einer breiten Öffentlichkeit dennoch untrennbar mit den Erfolgen der Goldenen Jahre zwischen 1960 und 1970 verbunden.

Um die Mitte der 80er Jahre mehrten sich die Verkaufsgerüchte. Obwohl dies zunächst heftig dementiert wurde, dürfte hinter den Kulissen bereits kräftig gefeilscht worden sein. Im Jahre 1988 wurde *Motown* schließlich an den Unterhaltungskonzern *MCA* verkauft; Berry Gordy behielt lediglich seinen lukrativen Musikverlag *Jobete*. Daß der *Motown*-Fundus auch heute noch einen nicht unbeträchtlichen Marktwert hat, zeigte sich im Herbst 1993. Die Übernahme des legendären Soul-Labels in seine Familie war der *Polygram* immerhin 300 Millionen Dollar wert.

The Temptations, 1984

unter Vertrag standen, kehrten für die große TV-Show „Yesterday, Today, Forever" am 25.8.1983 im Pasadena Civic Auditorium in Los Angeles für einen Auftritt in den Schoß ihrer alten Familie zurück. „Der ganze Abend war für uns alle ziemlich emotionsgeladen", erinnert sich Michael Jackson, der anfangs nur zögernd zugesagt hatte. „Es war, als wäre man wieder nach Hause zurückgekehrt."

B. Gordy feiert mit vielen Stars den 25. Geburtstag von Motown

Die emotionsgeladene Atmosphäre vermittelte sich nicht nur den fast 50 Millionen TV-Zuschauern dieser Show, sondern gab auch dem träge gewordenen Konzern einen neuen Schub. *Motown* begann sich selbst als Mythos zu begreifen, und Gordy erkannte die daraus resultierenden kommerziellen Möglichkeiten. Konsequent wurde das eigene Image vermarktet. Unterstützt durch ein in den 80er Jahren wieder aufkeimendes Interesse für den Soul klassischer Prägung gelang es, für die bereits 1980 zurückgekehrten Temptations mit einer großen ‚Reunion' wieder Aufmerksamkeit zu erregen. Norman Whitfield nahm erneut ein Album mit seinen einstigen Schützlingen auf. Gleiches galt für die Four Tops, die 1984 zu *Motown* zurückfanden und für ein Album mit ihren alten Hitlieferanten H-D-H verpflichtet wurden. Trotz dieser Rückbesinnung auf die Wurzeln und trotz einzelner überdurchschnittlich erfolgreicher Interpreten, wie Stevie Wonder oder Lionel Ritchie, blieb *Motown* im Bewußtsein einer breiten Öffentlichkeit dennoch untrennbar mit den Erfolgen der Goldenen Jahre zwischen 1960 und 1970 verbunden.

Um die Mitte der 80er Jahre mehrten sich die Verkaufsgerüchte. Obwohl dies zunächst heftig dementiert wurde, dürfte hinter den Kulissen bereits kräftig gefeilscht worden sein. Im Jahre 1988 wurde *Motown* schließlich an den Unterhaltungskonzern *MCA* verkauft; Berry Gordy behielt lediglich seinen lukrativen Musikverlag *Jobete*. Daß der *Motown*-Fundus auch heute noch einen nicht unbeträchtlichen Marktwert hat, zeigte sich im Herbst 1993. Die Übernahme des legendären Soul-Labels in seine Familie war der *Polygram* immerhin 300 Millionen Dollar wert.

The Temptations, 1984

5.

Totengräber oder Blockadebrecher?

Das Geheimnis von *Motowns* Erfolg liegt im ‚Crossover', im Brückenschlag zwischen afroamerikanischer Musiktradition und weißer Popmusik, zwischen dem Schwarzenghetto Detroits und den Stätten weißen Entertainments, wo ein weißes Publikum den schwarzen Künstlern begeistert Beifall spendete und spendet. Auf diesem Weg wandelte sich das unabhängige Plattenlabel aus Detroit zu einem Medienkonzern mit Sitz in Los Angeles, bis *Motown* schließlich unter dem Druck wirtschaftlicher Notwendigkeiten seine Unabhängigkeit aufgeben mußte und Teil des größeren Unterhaltungskonzerns *MCA* wurde.

Mögen die Umsätze *Motowns* in den 70er Jahren weit über denen in den 60er Jahren gelegen haben, war das doch ein Resultat der Arbeit, die in den 60er Jahren geleistet wurde. Der Mythos *Motown* sowie sein großer Einfluß auf den Soul und die weiße Popmusik gründet auf den Produktionen, die in den 60er Jahren in den Detroiter ‚Hitsville Studios' entstanden.

Dieser Weg aus dem Ghetto in die Vorstandsetagen der Konzerne hatte seinen Preis. *Motowns* Integration in den weißen Markt war zunächst mit einem klaren und unverwechselbaren stilistischen Sound-Konzept verbunden, das schwarze Musik an weiße Hörgewohnheiten anglich. Der große kommerzielle Erfolg jedoch erzeugte einen ungeheuren Druck, der die Hitfactory schließlich sprengte. Die einmal gefundene musikalische Formel erstarrte zur industriellen Norm, die nur bedingt neue Trends aufnehmen konnte und schließlich erschöpft war, ohne daß sie durch ein ähnliches umsatzträchtiges Konzept ersetzt werden konnte. Die rigide Firmenpolitik innerhalb der *Motown*-Familie, die zu Anfang Garant für die erfolgreiche Einheit von Sound und publikumswirksamer Präsentation war, wurde zum einengenden Korsett, das Kreativität erstickte. Viele Künstler, die sie sich nicht dagegen durchsetzen konnten, wandten ihrer alten Firma frustriert den Rücken zu. Die angesichts ihres mittlerweile erreichten Marktwertes zu geringe Bezahlung trug dazu bei, daß viele von ihnen den finanziell verlockenden Angeboten anderer Firmen nicht länger widerstehen konnten. Die Firmenführung investierte die Gewinne kaum in die Förderung und Pflege neuer kreativer Talente, sondern versuchte stattdessen neue Märkte zu erschließen. Expansion schlug um in Stagnation. Besonders das Engagement im Filmgeschäft erwies sich als Fehlinvestition. Der einstmals so geschlossene und dynamische Konzern zerfiel. Was blieb, war eine Plattenfirma wie andere auch - die vor allem von ihrer erfolgreichen Vergangenheit zehrte.

Motown war und ist unter Musikkritikern nicht unumstritten. Der Vorwurf des ‚Whitebread Soul' gehörte noch zu den freundlicheren, den die Macher und Interpreten des ‚Sound Of Young America' schon in den 60er Jahren einstecken mußten. Noch in der 89er Ausgabe des „Sachlexikon Popmusik" bemängeln die Herausgeber Wieland Ziegenrücker und Peter Wicke stellvertretend für viele die „ästhetischen Kompromisse, mit denen der Erfolg der *Motown*-Produktionen bei der weißen amerikanischen Bevölkerungsmehrheit erkauft war". Und hat nicht *Motowns* musikalischer Integrationskurs zu jener ‚farbenblinden' Musik der 80er Jahre geführt, wo in den kommerziell erfolgreichen Produktionen einer Whitney Houston „eine geistige Leere zutage tritt, die ihrer eigenen Wurzeln im Gospel spottet", wie Nelson George in „Der Tod des Rhythm & Blues" polemisiert?

Es überrascht nicht, daß Smokey Robinson diese Einschätzungen nicht teilt. „Mich langweilen die Kritiker mit ihrem ‚Tod des ...'Syndrom – der Tod des Blues, der Tod des Jazz, der Tod des Soul." Er sieht vielmehr in dieser Entwicklung einen unaufhaltsamen, dynamischen Prozeß des Erwachsenwerdens. „Von uns zu erwarten, wir würden immer denselben Sound abspulen, wäre als würde man von uns erwarten, ewig Neunzehnjährige zu bleiben." Unbeirrbar steht Robinson zum integrativen Kurs *Motowns* seit den 60er Jahren. „Schwarze Musik in Amerika wollte immer alle Bevölkerungsschichten erreichen. Gerade das macht ihre Besonderheit aus - andere mit einzubeziehen, nicht auszugrenzen. Wie die religiösen Wurzeln, aus denen sie sich entwickelt hat, ist es eine Musik voller Dankbarkeit und Großzügigkeit." Engagiert nimmt er auch Whitney Houston gegen Nelson Georges Polemik in Schutz: „Dinah Washington versuchte genau mit der Art großartiger Balladen rüberzukommen, die jetzt Whitney Houston singt. Zu Dinahs Zeit haben sie ihr das nicht durchgehen lassen. Die Dinge haben sich etwas geändert, und Whitney ist da, wo sie sein sollte - ganz oben."

So pathetisch das auch klingt - aus diesen Worten spricht ein verständlicher Stolz. Denn gegen alle berechtigte Kritik sind *Motowns* Verdienste um die schwarze Musik heute unübersehbar. *Motown* versuchte in den 60er Jahren erfolgreich, für schwarze Musik und schwarze Künstler das Tor zu breiter Akzeptanz in der Popularmusik weit aufzustoßen. „*Motown*-Platten lieferten nur vordergründig bloße Tanz- und Liebessongs", schreibt der Journalist Gerald Hündgen in einem Essay über ‚Hitsville U.S.A.', „dahinter verbirgt sich immer ein tieferes Verlangen nach Würde, Anerkennung und Zukunft." Ein verständliches Verlangen, blickt man auf die Geschichte der Unterdrückung und Ausgrenzung der schwarzen Amerikaner und ihrer Kultur zurück. Eine Geschichte, die alle *Motown*-Künstler und eben auch Berry Gordy oft genug selbst erfahren mußten, die sie zu jener verschworenen, familienähnlichen Gemeinschaft zusammenschweißte und zu kreativen Höchstleistungen anspornte. Der schwarze Erfolgs-Produzent Quincy Jones bringt *Motowns* musikalische und soziale Leistung auf den Punkt: „*Motown* riß die Barrieren zwischen Schwarz und Weiß, zwischen der Welt des R&B und dem Mainstream nieder, damit jeder sie sehen konnte, die Schönheit der Schwarzen Musik."

Smokey Robinson, 1981

Das Apollo-Theater in New York, 1962

6.

FILLMORE AUDITORIUM
1805 Geary St., San Francisco
TUES. JULY 26th
From 9:00 p.m. to 1:00 a.m.
DANCE and SHOW
"Don't Look Back"
"Its Growing"
"My Girl"
"Since I Lost My Baby"
THE
"Not Too Proud To Beg"
TEMPTATIONS
and their
ORCHESTRA
"Far-away"
"Get Ready"

Anhang

More Motowner

Ein kurzer biographischer und discographischer Überblick über alle jene *Motown*-Künstler, die auf den vorangegangenen Seiten aus Platzgründen nur kurz oder gar nicht berücksichtigt werden konnten.

The Andantes

Louvain Demps, Jackie Hicks, Marlene Barrow, Ann Bogan gelten als eine von Detroits frühesten Girl-Groups. Sie begleiten zahlreiche *Motown*-Künstler wie The Marvelettes, The Supremes oder die Four Tops (u.a. „Baby I Need Your Loving“) bei Plattenaufnahmen. Als „Black Berries“ unterstützen sie Anfang der 70er Jahre Diana Ross bei ihren Live-Auftritten. Unter eigenem Namen veröffentlichen sie lediglich 1963 als „Holland & Dozier with the Four Tops & The Andantes“ die Single „What Goes Up Must Come Down“ und Ende der 80er Jahre auf Ian Levines *Motorcity*-Label.

The Contours

Joe Billingslea, Council ‚Count' Gay, Billy Gordon (lead voc.), Billy Hoggs, Hubert Johnson, Sylvester Potts treten erstmals 1959 unter diesem Namen auf. Die Zusammensetzung wechselt im Laufe der kommenden Jahre, so gehören zeitweise Dennis Edwards, später bei den Temptations, oder Joe Stubbs, Bruder des Four Tops Sängers Levi Stubbs, zu den Contours. Ihre für *Motown*-Verhältnisse expressive Show gefällt Gordy zunächst nicht, erst auf Bitten von Jackie Wilson, Cousin des Contours' Sängers Hubert Johnson, nimmt er sie unter Vertrag. Ihre erste Single ist „Whole Lotta Woman" (1961); ihr größter Erfolg „Do You Love Me" (1962) ist eigentlich für die Temptations vorgesehen, die jedoch zu spät zur Aufnahmesession erscheinen. In der Version der Tremeloes führt der Songs bereits 1963 wieder die britischen Charts an. Weitere Singles: „Shake Sherry" (1962), „First, I Look at the Purse" (1965). Ende der 60er Jahre lösen sie sich auf; in den 80er Jahren geben Joe Billingslea und Council Gay mit verschiedenen Sängern einzelne Konzerte in Detroiter Clubs als The Contours und nehmen einige Songs für das *Motorcity*-Label auf.

The Detroit Spinners
→ The Spinners

The Elgins
Johnny Dawson, Robert Fleming, Cleo ‚Duke' Miller (nach anderen Quellen Norman McLean statt Miller) veröffentlichen 1958 als The Sensations die Single „Uncle Sam's Man" auf dem Label *Flip*. Umbenennungen in Five Emeralds und The Downbeats; unter letzterem Namen nimmt sie 1962 *Motown* unter Vertrag. Gordy ändert ihn in The Elgins (darunter hatten zuvor The Temptations erfolglos bei *Motown* debutiert) und erweitert das Trio um die Sängerin Saundra Edwards, geb. Mallett, die u.a. mit The Vandellas (später: Martha & The Vandellas) aufgenom-

men hat. Zu ihren größten Erfolgen zählen „Darling Baby", „Put Yourself In My Place" (1965), „Heaven Must Have Sent You" (1966), „It's Been A Long Long Time" (1967). Im Anschluß daran lösen sie sich auf, Dawson arbeitet als Komponist und Produzent mit Norman Whitfield zusammen. Nachdem „Heaven Must Have Sent You" 1971 in Großbritannien erneut in die Charts steigt, reformieren sich die Elgins kurzzeitig; den Platz von Saundra Mallett nimmt Yvonne Allen ein, die zuvor u.a. für Wilson Pickett gesungen hatte. Ende der 80er Jahre Aufnahmen für *Motorcity*.

Brenda Holloway

*21.6.1946 in Atascadero, Kalifornien, aufgewachsen in Los Angeles. Ausbildung als Konzertgeigerin, Aufnahmen als Sängerin für das lokale *Donna*-Label. Bei einem Treffen von Discjockeys 1964 in Los Angeles, an dem auch Berry Gordy teilnimmt, erscheint sie aufreizend zurechtgemacht und singt Songs von Mary Wells. Gordy ist begeistert und nimmt sie zunächst als Komponistin, Sessionmusikerin (Geige, Cello) und Backgroundsängerin unter Vertrag.

Singles: „Every Little Bit Hurts", „I'll Always Love You" (1964), „When I'm Gone", „Operator", „You Can Cry On My Shoulder" (1965). Sie nimmt als erste *Motown*-Künstlerin nicht in Detroit, sondern in Los Angeles auf. 1965 begleitet Holloway die Beatles auf ihrer USA-Tournee. Mit ihrer Schwester Patrice komponiert sie das psychedelisch angehauchte „You've Made Me So Very Happy" (1967), das Gordy und Frank Wilson gegen ihren Willen ‚entschärfen'. Erst die Version von Blood, Sweat & Tears (1969) dürfte ihren Vorstellungen entsprochen haben. Wegen ihrer sinnlichen Vortragsweise und ihrer an Tina Turner orientierten hocherotischen Live-Präsentation gilt sie kurzfristig als kommender großer *Motown*-Star. Doch Gordy setzt ganz auf Diana Ross, die er zu Schulungszwecken sogar Aufnahmen von Brenda Holloway studieren läßt.

Enttäuscht über mangelnde Unterstützung verläßt sie Ende 1967 *Motown* und verklagt als erste Künstlerin *Motown* erfolgreich wegen Unregelmäßigkeiten bei der Tantiemenabrechnung. In den 70er Jahren arbeitet sie u.a. für Joe Cocker. Ab 1987 Aufnahmen für Ian Levines Labels *Nightmare* („Give Me A Little Inspiration", 1988) und *Motorcity* („On The Rebound", mit Jimmy Ruffin, 1990).

The Isley Brothers

Die Brüder Ronald (*21.3.1941), Rudolph (*1.4.1939) und (O') Kelly Isley (*25.12.1937) sind alles andere als lupenreine Motowner. Bevor sie Berry Gordy 1965 unter Vertrag nimmt, spielen sie schon seit knapp einem Jahrzehnt mit wechselndem Erfolg zusammen und haben bereits mit den ekstatischen R&B orientierten Singles „Shout" (1959) und „Twist & Shout" (1962) zwei Millionenseller gelandet. Dennoch gelingen ihnen unter der Regie von Holland-Dozier-Holland mit „This Old Heart Of Mine" (1965) oder „Take Me In Your Arms" (1968) einige klassische *Motown*-Hits, die zum Teil an die Aufnahmen des Produzententrios mit den Four Tops erinnern. Als H-D-H *Motown* verlassen, gehen die Isley Brothers ebenfalls, gründen mit *T-Neck* ein eigenes Label und können sich, verstärkt um weitere Mitglieder des Isley-Clans, bis weit in die 80er Jahre in den Charts behaupten.

Chuck Jackson

*22.7.1937 in Winston Salem, North Carolina. Von 1957-59 Leadsänger der Del-Vikings, danach erfolgreich Soloaufnahmen, vor allem für *Wand-Records*. Ab 1968 bei *Motown*. Singles: „(You Can't Let The Boy Overpower) The Man In You" (1968), „Are You Lonely For Me", „Honey Come Back", „Let Somebody Love Me", „Baby, I'll Get It" (1969) u.a. Er begleitet The Temptations, The Four Tops und später die Jackson 5 auf Tourneen, kann aber kaum an frühere Erfolge anknüpfen. Desillusioniert

verläßt er 1972 *Motown*. Danach Aufnahmen für verschiedene Labels, u.a. Produzent für Aretha Franklin (1980).
Seines gospelgefärbten, rauhen Baritons wegen wird er vor allem von Anhängern der britischen Northern-Soul-Szene verehrt.

Marv Johnson

*1939 als Marvin Earl Johnson in Detroit. Er gehört zu den ersten Künstlern, die Berry Gordy produziert („My Baby-O" 1958 auf *Kudo-Records*, Detroit). Nach verschiedenen Auftritten auf lokalen Talentwettbewerben und einer Ausbildung als Luftfahrtingenieur arbeitet er als Teilzeitkraft in Gordys Plattengeschäft. „Come To Me" (1958), trotz Gordys Namensnennung angeblich eine Johnson-Komposition, wird zunächst über *United Artists* vertrieben und 1959 unter der Nummer 101 als erste Single auf dem *Motown*-Label *Tamla* erneut veröffentlicht. Die Arrangements dieser und der folgenden Singles „You Got What It Takes", „I Love The Way You Love" (1959), „Ain't Gonna Be That Way", „Move Two Mountains" (1960) weisen bereits viele Charakteristika des typischen *Motown*-Sounds auf, so den akzentuierenden Einsatz von Tamburin. 1968 gelingt Johnson mit „I'll Pick A Rose For My Rose" ein weiterer Hit.
1987 u.a. mit Martha Reeves und The Velvelettes Tournee durch Großbritannien, Aufnahmen für *Motorcity*.

Gladys Knight & The Pips

Gladys Knight (*28.5.1944) singt bereits seit ihrer Kindheit mit verschiedenen Gospelchören. Um die Mitte der 50er Jahre geht sie unter der Leitung ihres Cousins James ‚Pip' Woods mit ihrem Bruder Merald ‚Bubba' Knight und anderen Verwandten als Gladys Knight & The Pips auf Tournee, nimmt 1957 mit „Ching Chang" ihre erste Single auf. Um 1961 haben sich die Pips auf ein Trio mit ihrem Bruder und den Cousins

William Guest und Edward Patten reduziert. Erster Hit „Every Beat Of My Heart“ (1961), weitere erfolgreiche Singles folgen. Auf Vermittlung von Smokey Robinson 1966 Vertrag mit *Motown*, erfolglose erste Single („Just Walk In My Shoes“). Etwa anderthalb Jahre bemühen sich verschiedene Komponisten und Produzenten um das Quartett, bis 1967 Norman Whitfield mit „I Heard It Through The Grapevine“ den erhofften Erfolg bringt. Singles wie „The End Of Our Road“ (1968) oder „The Nitty Gritty“ (1969) halten sie bis in die 70er Jahre hinein in den Charts.

Um 1970 erste Eigenkompositionen von Gladys Knight, u.a. für Marvin Gaye und Martha Reeves, erfolgreiche Solo-Singles. Da *Motown* auf allzuviel Selbstbewußtsein, zumal in der Umbruchphase zu Anfang der 70er, immer erstmal mit Ablehnung reagiert, beginnen sich Gladys Knight & The Pips zunehmend unwohl zu fühlen und verlassen 1973 *Motown*. Trotz zeitweiliger interner Schwierigkeiten behauptet sich die Gruppe bis in die 90er Jahre hinein erfolgreich im Plattengeschäft.

Shorty Long

*1940 als Frederick Long in Birmingham, Alabama. Der kleinwüchsige und schmächtige Sänger, Komponist und Multi-Instrumentalist (Klavier, Schlagzeug, Trompete, Mundharmonika) ist zeitweise Mitglied der Ink Spots Über Harvey Fuquas *Tri Phi*-Label kommt er 1964 zu *Motown*. Singles: „Devil With The Blue Dress“, „Function At The Junction“ (1964) sowie „Here Comes The Judge“ (1968), sein größter Erfolg. Er stirbt am 29. Juni 1969 bei einem Bootsunfall in Kanada.

Seine oftmals frech, witzig und für *Motown*-Verhältnisse ungewöhnlich funky arrangierten Songs bringen ihm Kult-Status bei der Northern-Soul Gemeinde ein.

Martha & The Vandellas

Martha Reeves, *18.7.1944 in Alabama, aufgewachsen in Detroit, hat ihre Wurzeln im Gospel. Ihre erste Aufnahme entsteht anläßlich ihrer Schulentlassungsfeier, wo sie Bachs „Hallelujah" singt. Danach Arbeit mit verschiedenen Gesangsgruppen, kurzzeitig auch mit Curtis Mayfield. Mit The Delphis (nach anderen Quellen The Del-Phis) (Gloria Williamson (lead voc.), Annette Beard (Sterling), Rosalind Ashford) eine Single für *Chess/Checker* und erfolglose Bewerbung bei *Motown*. Sie nimmt einen Job als Sekretärin bei *Motown* an, besingt nebenher Demotapes für andere Künstler. Als Mary Wells einen Studiotermin verpaßt, springen The Delphis ein und nehmen als The Vels den Song „There He Is At My Door" auf. Williamson ist vom Ergebnis so enttäuscht, daß sie die Gruppe verläßt und Reeves ihren Platz einnimmt. Nach einer weiteren erfolglosen Session 1962 Engagement als Backgroundsängerinnen für Marvin Gaye, erstmals als The Vandellas als Tribut an Martha Reeves großes Vorbild Della Reese. Erster großer Hit von Martha & The Vandellas „Come And Get These Memories" (1963), weitere Erfolge mit „Heat-

wave“ (1963), „Dancing In The Street“ (1964), „Nowhere To Run“ (1965) oder „Jimmy Mack“ (1967), zumeist von Holland/Dozier/Holland betreut.
Obwohl ihr Name auf eine Gruppe ähnlich den Supremes hindeutet, ist es vor allem Martha Reeves, die mit wechselnden Backgroundsängerinnen die Songs einspielt. Annette Sterling wird 1964 von Betty Kelly ersetzt, 1968 gefolgt von Marthas Schwester Lois Reeves. 1968 kommt Sandra Tilley für Rosalind Ashford. Bei Studioaufnahmen begleiten diverse ungenannte Sängerinnen Reeves.
Sie leidet zunehmend darunter, daß sie und ihre Gruppe zugunsten der Supremes vernachlässigt werden und beklagt öffentlich, daß ihnen nur zweitklassiges Songmaterial zugewiesen wird. Das schlägt sich Ende der 60er Jahre auch in körperlichen und psychischen Problemen nieder. Sie weigert sich, die Aufnahmen zu „I Can’t Dance To That Music You’re Playing“ (1968) zuende zu führen, weil das Lied sexistisch sei, Syreeta Wright singt den Part. Nach dem Abgang des H-D-H-Trios können sie keine Chartserfolge mehr erreichen. Sie bleiben beim Umzug nach Los Angeles in Detroit und geben am 21.12.1971 ein Abschiedskonzert. Reeves versucht auf juristischem Weg ihren Vertrag aufzulösen. Angeblich erhält sie eine Konventionalstrafe von 200.000 $ und verliert die Rechte am Namen The Vandellas. In den 70er Jahren arbeitet sie als Backgroundsängerin u. a. für Ringo Star. Als Solistin hat sie nur mäßigen Erfolg. In den 80er Jahren tourt sie durch Europa, vor allem Großbritannien. Ende der 80er Jahre Aufnahmen für *Motorcity*.

The Marvelettes

Gladys Horton (Leadvoc.), Georgeanna Dobbins, geb. Tillman, Katherine Anderson und Juanita Cowart, alle 1940 (nach anderen Quellen 1944) in Detroit geboren, machen als The Marvels bei einem Talentwettbewerb an der Inkster High School Robert Bateman auf sich aufmerksam. Mit „Please Mr. Postman“ (Co-Autorin: Georgeanna Dobbins) 1961 erster nationaler Nummer-1-Hit überhaupt für *Motown*. Vor „Twistin’ Postman“ (1961) scheiden Dobbins und Anderson aus, Wanda Rogers, geb. Young, kommt hinzu. Dobbins arbeitet als Sekretärin weiter für *Motown*; sie stirbt 1980. Juanita Cowart verläßt die Gruppe 1963. 1967 ersetzt Ann Bogan (Andantes) Gladys Horton. Als Wanda Rogers schwanger wird, übernimmt Supremes-Sängerin Florence Ballard kurzfristig ihren Platz.

Nach anfänglichen Erfolgen („Playboy“, „Beechwood 4-5789“ (1962), „Too Many Fish In The Sea“ (1964)) werden sie bald zugunsten der Supremes vernachlässigt. Ab 1965 betreut sie Smokey Robinson: „Don’t Mess With Bill“ (1965), „The Hunter Gets Captured By The Game“

(1966), „My Baby Must Be A Magician" (1967, das Intro spricht Melvin Franklin, Temptations), „Here I Am Baby" (1968), „A Breathtaking Guy" (1970). 1963 zwei Singles als The Darnells: „Too Hurt To Cry", „Too Much In Love To Say Goodbye".
Vor allem ihre frühen Aufnahmen, bevor *Motown* seinen unverwechselbaren Sound ausbildet, stehen ganz in der Tradition der klassischen Girl Groups. Anfang der 70er Jahre lösen sich The Marvelettes auf, 1980 kam es für kurze Zeit zu einer Reunion.

The Monitors
Richard Street singt mit seinen Jugendfreunden Melvin Franklin und Otis Williams in den späten 50er Jahren bei The Distants, aus denen The Temptations hervorgehen. Ab etwa 1959 bei *Motown* als Session-Sänger und in der Abteilung Quality Control. Mit Warren Harris, Sandra Fagin, John Fagin singt er ebenfalls sporadisch seit den 50er Jahren. Ab 1965 beim *V.I.P.*-Label als The Monitors. Debutsingle „Say You" (1965), größter Erfolg „Greetings (This Is Uncle Sam)" (1966). Erfolglos weitere Plattenaufnahmen bis 1968. Street geht 1971 zu den Temptations.

The Originals
Freddie Gorman, Walter Gaines, Crathman „C.P." Spencer, Henry Dixon arbeiten seit den Anfängen für *Motown*, begleiten u.a. Marvin Gaye, Jimmy Ruffin, Stevie Wonder. Gorman, ein ehemaliger Postbote, gehört zunächst zum Komponisten-/Produzentenzirkel um Brian Holland, Robert Bateman, Lamont Dozier u.a., komponiert das (erfolglose) Supremes Debut „I Want A Guy" und für The Marvelettes „Please Mr. Postman" (1961). Um 1964 zwei Singles („In A Bad Way", „Can't Get You Out Of My Mind") für *Ric Tic Records*. The Originals debutieren bei *Motown* 1966 mit „We've Got A Way Out Love", geschrieben und produziert vom H-D-H-Trio. Durchbruch mit Marvin Gayes „Baby, I'm For

Real“ (1969), weitere erfolgreiche Aufnahmen bis etwa 1977.
Nach seinem Gastspiel bei The Contours erweitert Joe Stubbs das Quartett zeitweise zum Quintett, für Spencer kommt Anfang der 70er Jahre Ty Hunter von Holland-Dozier-Hollands Label. Gorman nimmt Ende der 80er Jahre ebenfalls für *Motorcity* auf.

The Rayber Voices
Vokalgruppe unter der Leitung von Raynoma Gordy und Ehemann Berry, die Ende der 50er Jahre von Gordy betreute lokale Sänger wie Marv Johnson begleitet. In *Motowns* Anfangszeit sind die Rayber Voices auf diversen Aufnahmen zu hören, z.B. bei Barrett Strongs „Yes, No, Maybe So“ (1960). Aufnahmen der Rayber Voices Ende der 80er Jahre für *Motorcity*.

Jimmy Ruffin
Geboren in Meridian, Mississippi. Er steht lange im Schatten seines Bruders David Ruffin (Temptations). Erste Single „Sorry For Me“ 1961 auf dem *Miracle*-Label, hilft bei der Studioarbeit aus und geht mit anderen *Motown*-Künstlern auf Tournee. Seinen Lebensunterhalt verdient er am Fließband bei Ford. Er gilt als mittelmäßiger und unkonzentrierter Sänger, vor allem bei Live-Auftritten, und bekommt oft eher zweitklassiges Songmaterial zugewiesen. „What Becomes Of The Brokenhearted“, eigentlich für The Spinners vorgesehen, bringt 1966 den Durchbruch. Diese und nachfolgende Singles (u.a. „I’ve Passed This Way Before“ (1966), „Gonna Give Her All The Love I’ve Got“, „Don’t You Miss Me Just A Little Bit Baby“ (1967)) machen ihn vor allem in Großbritannien populär. 1970 Aufnahmen (u.a. „Stand By Me“) mit seinem Bruder David.
Er verläßt 1976 *Motown*, veröffentlicht mit mäßigem Erfolg auf anderen Labels, erst mit der Bee Gees-Produktion „Hold On To My Love“ gelingt

1980 die Rückkehr in die Charts. 1986 in Großbritannien eine Single mit Heaven 17 („The Foolish Things To Do"), Ende der 80er Jahre Aufnahmen für *Motorcity.*

The Spinners

Edgar ‚Chico' Edwards, Robert ‚Bobbie' Smith, Henry Farmbrough, Billy Henderson, Pervis Jackson aus Ferndale, Michigan, schaffen sich ab 1955 in Detroits Nachtclubs einen Namen als Doo-Wop Quintett. 1961 erste Single („That's What Girls Are Made For") auf Harvey Fuquas und Gwen Gordys *Tri-Phi*-Label, mit Fuqua als Leadvocalist. Mit dem Label gehen sie 1963 zu *Motown,* können sich gegen die Konkurrenz der Temptations und Four Tops nicht durchsetzen. Neben der Studioarbeit für andere Künstler singen sie für Werbejingles und arbeiten sogar als Chauffeure für *Motown.* Auftritte als Entertainer in Nachtclubs oder bei TV-Shows, u.a. mit Parodien ihrer *Motown*-Kollegen, sporadisch erfolglose Singlesveröffentlichungen („I'll Always Love You" (1965), „Truly Yours" (1966)). Ihr erster Hit 1970 mit „It's A Shame" (!), produziert und geschrieben von Stevie Wonder, wird zugleich auch ihr letzter für *Motown.*

1971 Wechsel zu *Atlantic Records.* Dort unterlegt der Komponist und Produzent Thom Bell die Doo-Wop inspirierten Vokalharmonien der Spinners mit den eleganten und üppigen Arrangements des Phillysound und etabliert sie mit Hits wie „I'll Be Around" (1972) oder „The Rubberband Man" (1976) als einen der erfolgreichsten Soul-Acts der 70er Jahre. Mit unterschiedlichen Produzenten bleiben sie bis in die 80er Jahre hinein erfolgreich.

Für Chico Edwards kommt im Laufe der 60er Jahre zunächst G. C. Cameron, den 1971 Phillipé ‚Soul' Wynn ersetzt. Ihm folgt 1977 John Edwards. Aus rechtlichen Gründen erscheinen ihre Platten in Europa z. T. unter The Detroit Spinners.

Edwin Starr

*21.1.1942 als Charles Hatcher in Nashville, Tennessee. Auftritte ab 1956 als Sänger, zunächst mit seiner Band The Future Tones. Zwei Singles bei *Ric Tic*: „Agent Double-O-Soul" (1965), für die er in einem Werbefilm mit ‚007' Sean Connery spielt, und „Stop Her On Sight (SOS)" (1966). Bei der Übernahme von *Ric Tic* kommt er 1967 zu *Motown*. Singles: „I Want My Baby Back" (1967), „I Am The Man For My Baby", „Way Over There" (1968), „Twenty Five Miles", sein erster großer Hit, und im Duett mit Blinky (Williams) „Oh How Happy" (beide 1969).
Norman Whitfield nimmt mit The Temptations 1970 den Titel „War" für ihr Album „Psychedelic Shack" auf, ein Statement gegen den Vietnam-Krieg, das schnell zur Hymne der Antikriegsbewegung wird. Aus Angst vor Imageproblemen für The Temptations spielt ihn Whitfield noch einmal mit Edwin Starr ein. Es wird Starrs größter Erfolg, den die Nachfolgesingles „Stop The War Now" (1970), „Funky Music Sho Nuff Turns Me On" (1971) nicht wiederholen können. 1972 trennt er sich von *Motown*.
Vor allem die frühen Singles für *Ric Tic* machen Starr in Europa, speziell in Großbritannien populär. Hier tourt er auch noch in den 80er Jahren. 1988 nimmt er einige Songs für die (an *Motown* orientierte) britische Hitfabrik des Produzententrios Stock-Aitken-Waterman auf.

R. Dean Taylor

Der kanadische Sänger, Komponist und Produzent steht hier stellvertretend für die weißen Kreativen *Motowns*. Auf Betreiben des Holland-Dozier-Holland-Trios um 1966 unter Vertrag genommen, veröffentlicht er mehrere Singles auf *V.I.P.*, ab 1970 auf *Rare Earth*. Seine zweite Single „There's A Ghost In My House" (1967) wird 1974 in Großbritannien wiederveröffentlich und ein Hit. 1971 Erfolg mit „Indiana Wants Me".
Taylor wirkt als Ghostwriter für H-D-H u.a. an „Love Is Here And Now

You're Gone" (1966) für The Supremes mit und an „Standing In The Shadows Of Love" (1967) für The Four Tops. Nach dem Ausscheiden des Erfolgstrios rückt er in die neue Songwriter-Crew auf, schreibt u.a. als Co-Autor „Love Child" (1968) und „I'm Livin In Shame" (1969) für The Supremes. Da *Motown* seine Karriere als Sänger kaum fördert, verläßt er Anfang der 70er Jahre frustriert die Firma.

Tammi Terrell

*24.1.1946 als Thomasina Montgomery in Philadelphia. Ab 1961 Aufnahmen für verschiedene Labels, u.a. *Wand/Scepter* als Tammi Montgomery („If You See Bill"), zeitweilig Mitglied der James Brown Revue. Mit Brown verbindet sie eine kurze Affäre. Sie ändert ihren Namen in Tammi Terrell und wird 1965 von Berry Gordy bei einer Tournee mit Jerry Butler entdeckt. Debutsingle: „I Can't Believe You Love Me" (1965). Ihre dritte Single „Ain't No Mountain High Enough" (1967) ist ein Duett mit Marvin Gaye, der unter der Regie von Ashford & Simpson weitere erfolgreiche Singles folgen: „Your Precious Love" (1967), „Ain't Nothing Like The Real Thing", „You're All I Need To Get By" (1968), „The Onion Song" (1969). Von allen Duettpartnerinnen Gayes bleibt die Zusammenarbeit mit Tammi Terrell die erfolgreichste und intensivste. Ihre zärtliche und harmonische Zwiesprache läßt viele eine tiefergehende Beziehung vermuten, Tammi Terrell aber fühlt sich mehr zu David Ruffin (Temptations) hingezogen.

Sie klagt bereits länger über starke Kopfschmerzen, als sie im Sommer 1967 auf der Bühne im Hampton-Sydney College, Virginia, in Gayes Armen zusammenbricht. Die Ärzte vermuten einen Gehirntumor. Trotz fortschreitender Krankheit, die sie zeitweise an einen Rollstuhl fesselt, folgen weitere Aufnahmen mit Marvin Gaye. In einigen Fällen, vor allem beim Album „Easy" (1969), muß Valerie Simpson ihren Gesangspart übernehmen. Tammi Terrell stirbt am 16.3.1970 im Graduate Hospital in Philadelphia.

The Velvelettes

Bertha McNeal, geb. Barbee, Norma Fairhurst, geb. Barbee, Carolyn Gill (lead voc.), Mildred Arbour, geb. Gill, Betty Kelly. Gegründet 1962 in Kalamazoo, Michigan, erste Aufnahmen für *IPG Records* („There He Goes", produziert von William ‚Micky' Stevenson, veröffentlicht 1963). Von Berry Gordys Neffe Robert Bullock bei einem Talentwettbewerb entdeckt, von Micky Stevenson, inzwischen bei *Motown*, unter Vertrag genommen. Im Laufe des Jahres 1962 Studioarbeit mit Norman Whitfield („Should I Tell Them"), 1964 als B-Seite für „Needle In The Haystack". Weitere Singles: „He Was Really Sayin' Something" (1964) „Lonely Girl Am I" (1965), „These Things Will Keep Me Loving You" (1966).

Betty Kelly ersetzt 1964 Annette Stirling bei Martha & The Vandellas. Nachdem die Velvelettes 1967 Jr. Walker auf seinem Album „Live" begleitet haben, ziehen sich McNeal, Fairhurst und Arbour ins Privatleben zurück, Carolyn Gill tritt mit wechselnden Sängerinnen noch bis 1969 als The Velvelettes auf. Nach ihrer Heirat mit Richard Street (Temptations) löst sich die Gruppe auf.

1987 Tournee der reformierten Velvelettes (Bertha McNeal, Norma Fairhurst, Carolyn Gill, Mildred Arbour) mit anderen unter „The Sounds Of Motown" durch Großbritannien, Aufnahmen für *Motorcity*.

Junior Walker

*1938 als Autrey De Walt jr. in Blythesville, Arkansas, entdeckt während seiner Highschool-Zeit die Liebe zum Saxophon, gründet verschiedene Bands, Ende der 50er Jahre mit Tony Washington, Victor Thomas, Willie Woods, Ray Freeman, Jimmy Graves. Bis auf Freeman und Graves wechselt die Besetzung der Band The All Stars häufig, meist Auftritte als Quartett. Auf Vermittlung von Harvey Fuqua 1962 erst bei *Tri-Phi*, ab 1963 bei *Motown*. Debutsingle „Satan's Blues" (1964), ein Jahr später der Instrumentalhit „Shotgun", dann weiterer Erfolg mit „Roadrunner" (1966). Mit der sanften Ballade „What Does It Take To Win Your Love" (1969) tritt er erstmals als Sänger in Erscheinung. 1970 produziert er Diana Ross' Version seiner Komposition „Love Hangover". Seine Singles sind vor allem in Großbritannien erfolgreich, wo er sich bis in die 70er Jahre hinein in den Charts behaupten kann und noch in den 80ern erfolgreich tourt.

1979 verläßt *er Motown* und nimmt für Norman Whitfields Label auf. 1983 kehrt er für das hochgelobte Album „Blow The House Down“ zu *Motown* zurück. All Stars-Besetzung 1983: sein Sohn Autry De Walt jr., R.C. Ratcliff, Delby Littlejohn, Darly Buchanon.

Mary Wells

*1943 in Detroit. Auf Vermittlung von Robert Bateman, damals Toningenieur bei *Motown*, stellt sie Gordy 1960 ihre Komposition „Bye Bye Baby“ vor, der sie überredet, den Song gleich selbst aufzunehmen. Er wird 1961 einer der ersten großen Hits für die Firma und sie der erste ‚Superstar‘ *Motowns*. Das gleichnamige Album ist 1963 die erste LP, die bei *Motown* erscheint. Ab 1964 Duette mit Marvin Gaye („Together“) und Zusammenarbeit als Solistin mit Smokey Robinson: „My Guy“ (1964). Im gleichen Jahr begleitet sie die Beatles auf einer Tournee durch Großbritannien.

Mary Wells gilt als Vorbild für Diana Ross. Sie wird 1964 mit einem hochdotierten Vertrag (die Zahlen schwanken zwischen 50.000 $ und

500.000 $) und der Aussicht auf einen Film-Kontrakt von 20th Century Fox abgeworben. Das Filmprojekt wird nie realisiert, ihre Singles-Veröffentlichungen bei wechselnden Schallplattenfirmen (u.a. *Atco, Warner*) bleiben ohne nennenswerten Erfolg. Um die Mitte der 70er Jahre veröffentlicht sie ein Album („The Old, The New & The Best Of") mit Neuaufnahmen ihrer *Motown*-Hits. Bis in die 80er Jahre Auftritte in kleineren Clubs. Sie stirbt am 26. Juli 1992.

Kim Weston

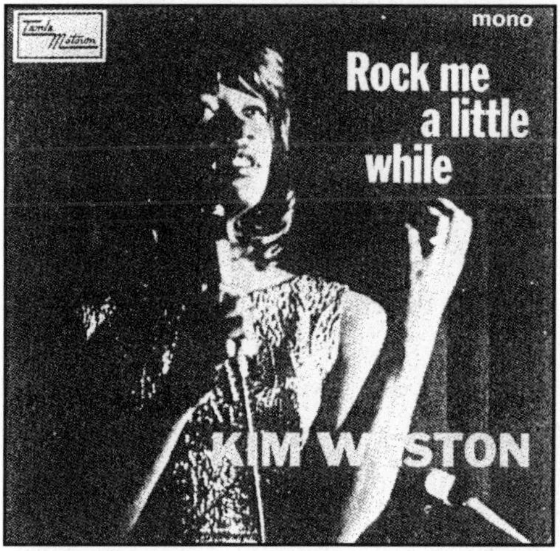

Geboren als Agatha Natalie Weston in Detroit. Erste Erfahrungen im Kirchenchor, Auftritte mit der Gospelgruppe The Wright Specials. Um 1963 auf Empfehlung von Brian und Eddie Holland zu *Motown*, wo sie vor allem von ihrem späteren Ehemann William ‚Mickey' Stevenson betreut wird. Singles: „It Should Have Been Me" (Backgroundgesang: The Supremes), „Love Me All The Way" (1963), „Take Me In Your Arms" (1965), „Helpless" (1966). 1966 als Nachfolgerin für Mary Wells einige Duette mit Marvin Gaye: „What Good Am I Without You", „It

Takes Two“ (1966).

Als Stevenson 1966 zu *MGM* wechselt, folgt sie ihm, kann jedoch an ihre früheren Erfolge nicht anknüpfen. Nach ihrer Scheidung Aufgabe der Gesangskarriere. Ende der 80er Jahre betreut sie in Detroit arbeitslose Jugendliche.

Berry Gordy führt auf einer Weihnachtskarte Ende der 60er Jahre seine Kids vor: von links Berry IV, Terry, Hazel, Neffe Gregory; am Boden: Chico Ross, Bruder von D. Ross

Stammbäume

Motowns drei wichtigste Gesangsgruppen waren The Supremes, The Temptations und die Four Tops. Während die Four Tops bis heute in unveränderter Besetzung zusammen singen, wechselten bei den Supremes und mehr noch bei den Temptations im Laufe der Jahre häufig die Gruppenmitglieder.

1. The Supremes

	Urbesetzung	
um 1958	Mary Wilson	(*6.3.1944 in Greenville, Mississippi)
	Florence Ballard	(*30.1.1943 in Detroit)
	Betty Travis	
	The Primettes	
1959 - 1960	Mary Wilson	
	Florence Ballard	
	Diana Ross	(*26.3.1944 in Detroit als Diane Ross)
	Betty Travis	1960 ersetzt durch Barbara Martin
1960 - 1961	Mary Wilson	
	Florence Ballard	
	Diana Ross	
	Barbara Martin	

The Supremes

1961 - 1962	Mary Wilson	
	Florence Ballard	(*15.12.1939 in Detroit)
	Diana Ross	
	Barbara Martin	1962 ausgeschieden
1962 - 1967	Mary Wilson	
	Florence Ballard	1967 ausgeschieden, (gest. 22.2.1976 in Detroit)
	Diana Ross	

Diana Ross & The Supremes

1967 - 1970	Mary Wilson	
	Cindy Birdsong	(*16.12.1943 in Mount Holly, New Jersey), vorher: Patti LaBelle & The Bluebelles
	Diana Ross	1970 ausgeschieden

The ‚New' Supremes

1970 -1972	Mary Wilson	
	Cindy Birdsong	pausiert ab 1972 wegen einer Schwangerschaft für ein Jahr
	Jean Terrell	
1972 - 1973	Mary Wilson	
	Lynda Lawrence	vorher: Stevie Wonders „Wonderlove", 1973 wieder ausgeschieden
	Jean Terrell	1973 ausgeschieden

1973 - 1976	Mary Wilson	
	Cindy Birdsong	1973 zurückgekehrt, 1976 endgültig ausgeschieden
	Scherrie Payne	vorher bei Glasshouse (auf H-D-H's *Invictus*-Label), Schwester der Sängerin Freda Payne (auf *Invictus*)

1976 - 1977	Mary Wilson	
	Susaye Green	vorher Backgroundsängerin u.a. für Harry Belafonte, Ray Charles, Stevie Wonder
	Scherrie Payne	

Mary Wilson erhält nach mehrjährigem Rechtsstreit mit *Motown* das Recht auf den Namen The Supremes. Ab Anfang der 80er Jahre als Mary Wilson of the Supremes (nach anderen Quellen auch Mary Wilson & The Supremes) mit den Sängerinnen Karen Jackson und Kaaren Ragland auf Tournee, noch 1987 sogar in Edinburgh vor ausverkauftem Haus. Ende der 80er Jahre Aufnahmen für *Motorcity*.

Jean Terrell, Scherrie Payne, Lynda Lawrence nehmen Ende der 80er Jahre als Solistinnen sowie als Jean, Sherrie & Lynda of the Supremes für *Motorcity* auf.

The Temptations

The Primes

um 1958	Paul Williams	(*2.7.1939 in Birmingham, Alabama)
	Eddie Kendricks	(*7.12.1939 in Birmingham, Alabama als Edward James Kendricks)
	Kell Osbourne	

The Distants

(zunächst: The Elegants, The Questions;
später auch Otis Williams & The Distants)

um 1958	Otis Williams	(*30.10.1941 in Texarkana, Texas als Otis Miles)
	Melvin Franklin	(*12.10.1942 in Montgomery, Alabama als David English)
	Richard Street	(*5.10.1942 in Detroit) geht um 1959 zu *Motown* in die Verwaltung, gründet später The Monitors
	Elbridge Bryant	
	Albert Harrell	

The Elgins

(zunächst als The Primes)

1960 - 1962	Paul Williams
	Eddie Kendricks
	Otis Williams
	Melvin Franklin
	Elbridge Bryant

The Temptations

1962 - 1964	Paul Williams	
	Eddie Kendricks	
	Otis Williams	
	Melvin Franklin	
	Elbridge Bryant	1964 ausgeschieden, nach anderen Quellen bereits um 1962
1964 - 1968	Paul Williams	
	Eddie Kendricks	
	Otis Williams	
	Melvin Franklin	
	David Ruffin	(*8.1.1941 in Meridian, Mississippi) hat seit Anfang der 60er Jahre mehrfach Bryant ersetzt, Ruffin muß 1968 die Temptations verlassen, Drogentod im Juni 1991
1968 - 1971	Paul Williams	1971 wegen Alkohol- und Drogenproblemen ausgeschieden, Selbstmord am 17.8.1973
	Eddie Kendricks	muß 1971 die Temptations verlassen, stirbt 1992 an Lungenkrebs
	Otis Williams	
	Melvin Franklin	
	Dennis Edwards	(*Birmingham, Alabama) vorher The Monitors
1971 - 1975	Otis Williams	
	Melvin Franklin	

	Dennis Edwards	
	Damon Harris	(*17.7.1950 in Baltimore als Damon Otis Harris) vorher bei den Tempos und den Young Vandals, 1975 ausgeschieden, gründet Impact
	Richard Street	vorher The Monitors
1975 - 1976	Otis Williams	
	Melvin Franklin	
	Dennis Edwards	1976 ausgeschieden, kehrt 1979 zurück
	Richard Street	
	Glenn Leonard	(*1948 in Washington DC) vorher u.a. The Reflections
1976 - 1979	Otis Williams	
	Melvin Franklin	
	Richard Street	
	Glenn Leonard	
	Louis Price	(*1953 in Chicago) 1979 für Dennis Edwards ausgeschieden
1979 - 1982	Otis Williams	
	Melvin Franklin	
	Dennis Edwards	
	Richard Street	
	Glenn Leonard	

1982	Otis Williams	
	Melvin Franklin	
	Dennis Edwards	
	Richard Street	
	Glenn Leonard	
	Eddie Kendricks	kehrt für das Album „Reunion“ und anschließende Tournee zurück
	David Ruffin	kehrt für das Album „Reunion“ und anschließende Tournee zurück
1982 - 1983	Otis Williams	
	Melvin Franklin	
	Dennis Edwards	ab 1983 als Solist, kehrt 1987 zurück
	Richard Street	
	Glenn Leonard	1983 ausgeschieden
1983 - 1986	Otis Williams	
	Melvin Franklin	
	Richard Street	
	Ron Tyson	singt erstmals zur *Motown* 25th Anniversary Gala 1983 mit den Temptations
	Ali-Ollie Woodson	um 1986 ausgeschieden, kehrt 1988 zurück
1987	Otis Williams	
	Melvin Franklin	
	Dennis Edwards	nach den Aufnahmen zu „Together Again“ erneut ausgeschieden
	Richard Street	
	Ron Tyson	

1988	Otis Williams	
	Melvin Franklin	
	Richard Street	1993 ausgeschieden, ersetzt von Theo Peoples
	Ron Tyson	
	Ali-Ollie Woodson	

Berry Gordy mir seiner ersten Goldenen Schallplatte für „Shop Around" von den Miracles, 1961

Discographie

Eine komplette *Motown*-Discographie (inklusive der Singles) würde den Rahmen dieses Buches sprengen. Bei den hier aufgeführten LP's handelt es sich also um eine (zugegeben subjektive) Auswahl des Autors. Auf Greatest Hits-Compilations, Live- und Weihnachtsalben sowie Sampler wurde weitgehend verzichtet. Bei den Labelcodes handelt es sich, soweit nicht ausdrücklich vermerkt, um die amerikanische Nummerierung.
Sofern die Platten in Deutschland als Polydor-CD's erhältlich sind (Stand: 1.7.1994), ist die entsprechende Bestellnummer angegeben. Compilations und Sampler, die derzeit in Deutschland ebenfalls auf CD erhältlich sind, werden am Ende der Discographie gesondert aufgelistet.

1961

Marvin Gaye
The Soulful Moods Of Marvin Gaye
Tamla 221

The Marvelettes
Please Mr. Postman
Tamla 228

The Miracles
Hi! We're The Miracles
Tamla 220

The Miracles
Cookin' With The Miracles
Tamla 223

Mary Wells
Bye Bye Baby - I Don't Want To Take A Chance
Motown 600

1962

The Contours
Do You Love Me
Gordy 901

Eddie Holland
Eddie Holland
Motown 604

The Marvelettes
The Marvelettes Sing
Tamla 229

The Marvelettes
Playboy
Tamla 231

Mary Wells
The One Who Really Loves You
Motown 605

Stevie Wonder
Tribute To Uncle Ray
(als Little Stevie Wonder)
Tamla 232

Stevie Wonder
The Jazz Soul Of Little Stevie
(als Little Stevie Wonder)
Tamla 233

The Miracles
The Fabulous Miracles - You've Really Got A Hold On Me
Tamla 238

The Miracles
Doin' Mickey's Monkey
Tamla 245

The Supremes
Meet The Supremes
Motown 606

Mary Wells
Two Lovers
Motown 607

Stevie Wonder
Recorded Live!
The 12 Year Old Genius
(als Little Stevie Wonder)
Tamla 240

Stevie Wonder
With A Song In My Heart
Tamla 250

1963

Marvin Gaye
That Stubborn Kinda Fellow
Tamla 239, CD: Polydor 530 222-2

Martha & The Vandellas
Come And Get These Memories
Gordy 902

Martha & The Vandellas
Heatwave
Gordy 907

The Marvelettes
The Marvelous Marvelettes
Tamla 237

1964

Four Tops
Breaking Through
Workshop 217

Marvin Gaye
When I'm Alone I Cry
Tamla 251

Marvin Gaye
Hello Broadway
Tamla 259

Brenda Holloway
Every Little Bit Hurts
Tamla 257

The Supremes
Where Did Our Love Go
Motown 621

The Supremes
A Bit Of Liverpool
Motown 623

The Temptations
Meet The Temptations
Gordy 911

Mary Wells & Marvin Gaye
Together
Motown 613

Mary Wells
My Guy
Motown 617

Stevie Wonder
Stevie At The Beach
Tamla 255

1965

The Choker Campbell Band
Hits Of The Sixties
Motown 620

Earl Van Dyke & The Soul Brothers
That Motown Sound
Motown 631

Four Tops
Four Tops
Motown 622

Four Tops
Second Album
Motown 634

Marvin Gaye
How Sweet It Is To Be Loved By You
Tamla 258, CD: Polydor 530 215-2

Marvin Gaye
A Tribute To The Great Nat King Cole
Tamla 261, CD: Polydor 530 054-2

Martha & The Vandellas
Dance Party
Gordy 915

(Smokey Robinson &) The Miracles
Going To A Go-Go
Tamla 267

The Supremes
Sing Country & Western And Pop
Motown 625

The Supremes
We Remember Sam Cooke
Motown 629

The Temptations
Sing Smokey
Gordy 912

The Temptations
The Temptin' Temptations
Gordy 914

Jr. Walker & The Allstars
Shotgun
Soul 701

1966

The Elgins,
Darling Baby
V.I.P.400

Four Tops
On Top
Motown 647

Marvin Gaye
Moods Of Marvin Gaye
Tamla 266, CD: Polydor 530 270-2

Marvin Gaye & Kim Weston
Take Two
Tamla 270

Marvin Gaye & Tammi Terrell
United
Tamla 277

The Isley Brothers
This Old Heart Of Mine
Tamla 269

Martha & The Vandellas
Watchout
Gordy 920

The Supremes
I Hear A Symphony
Motown 643

The Supremes
A Go Go
Motown 649

The Temptations
Getting Ready
Gordy 918

Jr. Walker & The Allstars
Soul Session
Soul 702

Jr. Walker & The Allstars
Road Runner
Soul 703

Stevie Wonder
Uptight
Tamla 268

Stevie Wonder
Down To Earth
Tamla 272

1967

Four Tops
On Broadway
Motown 657

Four Tops
Reach Out
Motown 660

The Isley Brothers
Soul On The Rocks
Tamla 275

Gladys Knight & The Pips
Everybody Needs Love
Soul 706

The Marvelettes
The Marvelettes
Tamla 274

(Smokey Robinson &) The Miracles
Make It Happen (The Tears Of A Clown)
Tamla 276

Jimmy Ruffin
The Jimmy Ruffin Way
Tamla Motown 11048 (GB)

San Remo Golden Strings
Hungry For Love
Gordy 923

The Spinners
The Original Spinners
Motown 639

The Supremes
Sing Holland, Dozier, Holland
Motown 650

The Supremes
Sing Rodgers And Hart
Motown 659

The Temptations
With A Lot O' Soul
Gordy 922

The Temptations
In A Mellow Mood
Gordy 924

Jr. Walker & The Allstars
Live!
Soul 705

Stevie Wonder
I Was Made To Love Her
Tamla 279

1968

Four Tops
Yesterdays Dreams
Motown 669

Marvin Gaye & Tammi Terrell
You're All I Need
Tamla 284

Marvin Gaye
In The Groove
(I Heard It Through The Grapevine)
Tamla 285

Brenda Holloway
The Artistry Of Brenda Holloway
Tamla Motown 11083 (GB)

Chuck Jackson
Arrives
Motown 667

Gladys Knight & The Pips
Feelin' Bluesy
Soul 707

Gladys Knight & The Pips
Silk'n'Soul
Soul 711

Shorty Long
Here Comes The Judge
Soul 709

Martha & The Vandellas
Ridin' High
Gordy 926

The Marvelettes
Sophisticated Soul
Tamla 286

(Smokey Robinson &) The Miracles
Special Occasion
Tamla 290

The Monitors
Greetings! We're The Monitors
Soul 714

Eiviets Rednow (= Stevie Wonder)
Alfie
Gordy 932

San Remo Golden Strings
Swing
Gordy 928

(Diana Ross &) The Supremes
Reflections
Motown 665

(Diana Ross &) The Supremes
Love Child
Motown 670

(Diana Ross &) The Supremes
Sing And Perform Funny Girl
Motown 672

(Diana Ross &)
The Supremes & The Temptations
Diana Ross & The Supremes Join
The Temptations
Motown 679

(Diana Ross &)
The Supremes & The Temptations
TCB
Motown 682

The Temptations
Wish It Would Rain
Gordy 927

Stevie Wonder
For Once In My Life
Tamla 291

1969

Four Tops
Now
Motown 675

Four Tops
Soul Spin
Motown 695

Marvin Gaye
MPG
Tamla 292, CD: Polydor 530 210-2

The Isley Brothers
Doin' Their Thing
Tamla 287

The Isley Brothers
Behind A Painted Smile
Tamla Motown 11112 (GB)

Chuck Jackson
Going Back To Chuck Jackson
Motown 687

Jackson 5
Diana Ross Presents The Jackson 5
Motown 700

Marv Johnson
I'll Pick A Rose For My Rose
Tamla Motown 11111 (GB)

Gladys Knight & The Pips
Nitty Gritty
Soul 713

The Marvelettes
In Full Bloom
Tamla 288

(Smokey Robinson &) The Miracles
Time Out
Tamla 295

(Smokey Robinson &) The Miracles
Four In Blue
Tamla 297

The Originals
Green Grow The Lilacs/
Baby I'm For Real
Soul 716

Rare Earth
Get Ready
Rare Earth 507

David Ruffin
My Whole World Ended
Motown 685

David Ruffin
Doin' His Thing
Motown 696

Jimmy Ruffin
Ruff'n'Ready
Soul 708

Edwin Starr
25 Miles
Gordy 940

(Diana Ross &) The Supremes
Let The Sunshine In
Motown 689

(Diana Ross &)
The Supremes & The Temptations
Together
Motown 692

(Diana Ross &)
The Supremes & The Temptations
On Broadway
Motown 699

The Temptations
Cloud Nine
Gordy 939, CD: Polydor 530 153-2

The Temptations
Puzzle People
Gordy 949

Tammi Terrell
Irresistable
Motown 652

Jr. Walker & The Allstars
Home Cookin'
Soul 710

Jr. Walker & The Allstars
What Does It Take To Win Your Love
(Gotta Hold On To This Feeling)
Soul 721

Stevie Wonder
My Cherie Amour
Tamla 296

1970

Earl Van Dyke
The Earl Of Funk
Soul 715

Four Tops
Still Waters Run Deep
Motown 704

Four Tops
Changing Times
Motown 721

Marvin Gaye
That's The Way Love Is
Tamla 299, CD: Polydor 530 214-2

Chuck Jackson
Teardrops Keep Falling On My Head
V.I.P. 403

Jackson 5
ABC
Motown 709

Jackson 5
Third Album
Motown 718, CD: Polydor 530 160-2

The Marvelettes
Return Of The Marvelettes
Tamla 305

(Smokey Robinson &) The Miracles
What Love Has Joined Together
Tamla 301

(Smokey Robinson &) The Miracles
Pocketful Of Miracles
Tamla 306

(Smokey Robinson &) The Miracles
The Season For Miracles
Tamla 307

The Originals
Portrait Of The Originals
Soul 724

The Originals
Naturally Together
Soul 729

Rare Earth
Ecology
Rare Earth 514

Diana Ross
Diana Ross
Motown 711

Diana Ross
Everything Is Everything
Motown 724, CD: Polydor 530 273-2

David & Jimmy Ruffin
I Am My Brother's Keeper
Soul 728

Jimmy Ruffin
The Groove Governor
Soul 727

Edwin Starr
War & Peace
Gordy 948

The Spinners
The Second Time Around
V.I.P. 405

The Supremes
Right On
Motown 705

(Diana Ross &) The Supremes
Farewell
Motown 708

The Supremes & Four Tops
Magnificent Seven
Motown 717

The Supremes
New Ways But Love Stays
Motown 720

R. Dean Taylor
I Think Therefore I Am
Rare Earth 522

The Temptations
Psychedelic Shack
Gordy 947

Jr. Walker & The Allstars
Live
Soul 725

Jr. Walker & The Allstars
A Gasssss
Soul 726

Stevie Wonder
Signed, Sealed & Delivered
Tamla 304

1971

Marvin Gaye
What's Going On
Tamla 310, CD: Polydor 530 022-2

Jackson 5
Maybe Tomorrow
Motown 735, CD: Polydor 530 161-2

Jackson 5
Goin' Back To Indiana
Motown 742

(Smokey Robinson &) The Miracles
One Dozen Roses
Tamla 312

Rare Earth
In Concert
Rare Earth 534

Diana Ross
Surrender
Motown 723

The Supremes & Four Tops
Return Of The Magnificent Seven
Motown 736

The Supremes
Touch
Motown 737

The Supremes & Four Tops
Dynamite
Motown 745

The Temptations
Sky's The Limit
Gordy 957, CD: Polydor 530 101-2

Stevie Wonder
Where I'm Coming From
Tamla 308, CD: Polydor 530 223-2

1972

Four Tops
Nature Planned It
Motown 748

Marvin Gaye
Trouble Man (Soundtrack)
Tamla 322, CD: Polydor 530 097-2

Michael Jackson
Ben
Motown 755, CD: Polydor 530 163-2

Michael Jackson
Got To Be There
Motown 747, CD: Polydor 530 162-2

(Smokey Robinson &) The Miracles
Flyin' High Together
Tamla 318

The Originals
Definitions
Soul 734

Diana Ross
Lady Sings The Blues (Soundtrack)
Motown 758

The Supremes
Floy Joy
Motown 751

The Supremes
Produced And Arranged By Jimmy Webb
Motown 756

The Temptations
Solid Rock
Gordy 961

The Temptations
All Directions
Gordy 962, CD: Polydor 530 155-2

Stevie Wonder
Talking Book
Tamla 319, CD: Polydor 530 036-2

1973

Jackson 5
Skywriter
Motown 761, CD: Polydor 530 209-2

Marvin Gaye
Let's Get It On
Tamla 329, CD: Polydor 530 055-2

Michael Jackson
Music And Me
Motown 767, CD: Polydor 530 281-2

The Miracles
Renaissance
Tamla 325

Rare Earth
Ma
Rare Earth 546, CD: Polydor 530 279-2

Smokey Robinson
Smokey
Tamla 328

Diana Ross
Touch Me In The Morning
Motown 772, CD: Polydor 530 211-2

Diana Ross & Marvin Gaye
Diana & Marvin
Motown 803, CD: Polydor 530 048-2

Diana Ross
Last Time I Saw Him
Motown 812

The Temptations
Masterpiece
Gordy 965, CD: Polydor 530 100-2

The Temptations
1990
Gordy 966

Stevie Wonder
Innervisions
Tamla 326, CD: Polydor 530 035-2

1974

Marvin Gaye
Live!
Tamla 333

Smokey Robinson
Pure Smokey
Tamla 331

Stevie Wonder
Fulfillingness First Finale
Tamla 332, CD: Polydor 530 105-2

1975

Michael Jackson
Forever Michael
Motown 825, CD: Polydor 530 280-2

The Miracles
City Of Angels
Tamla 339

Smokey Robinson
A Quiet Storm
Tamla 337, CD: Polydor 530 220-2

Diana Ross
Mahogany (Soundtrack)
Motown 858, CD: Polydor 530 277-2

The Supremes
The Supremes
Motown 828

1976

Marvin Gaye
I Want You
Tamla 342, CD: Polydor 530 021-2

The Supremes
Mary, Sherrie And Susaye
Motown 873

The Supremes
High Energy
Motown 863

Stevie Wonder
Songs In The Key Of Life
Tamla 340, CD: Polydor 530 034-2

1977

Marvin Gaye
Live! At The London Palladium
Tamla 352

1978

Marvin Gaye
Here My Dear
Tamla 364, CD: Polydor 530 253-2

CD-Compilations:

Four Tops
Anthology
Polydor 530 190-2

Four Tops
Motown's Greatest Hits
Polydor 530 016-2

Marvin Gaye
Anthology
Polydor 530 181-2

Marvin Gaye
Motown's Greatest Hits
Polydor 530 012-2

The Isley Brothers
Greatest Motown Hits
Polydor 530 053-2

Jackson 5
Anthology
Polydor 530 193-2

Michael Jackson
Anthology
Polydor 530 178-2

Michael Jackson
Love Songs
Polydor 530 010-2

Michael Jackson
Motown's Greatest Hits
Polydor 530 014-2/4

Gladys Knight
Compact Command Performances
Polydor 530 043-2

Gladys Knight & The Pips
Anthology
Polydor 530 187-2

The Marvelettes
Compact Command Performances
Polydor 530 041-2

Rare Earth
Greatest Hits
Polydor 530 038-2

Martha Reeves
Compact Command Performances
Polydor 530 040-2

Diana Ross
All The Great Love Songs
Polydor 530 056-2

Diana Ross
Anthology
Polydor 530 199-2

Diana Ross
Motown's Greatest Hits
Polydor 530 013-2/4

Jimmy Ruffin
Greatest Motown Hits
Polydor 530 057-2

Edwin Starr
The Hits Of Edwin Starr
Polydor 530 064-2

(Diana Ross &) The Supremes
Anthology
Polydor 530 196-2

The Supremes
Greatest Hits & Rare Classics
Polydor 530 050-2

The Temptations
Anthology
Polydor 530 184-2

The Temptations
Motown's Greatest Hits
Polydor 530 015-2

Jr. Walker
Compact Command Performances
Polydor 530 033-2

Mary Wells
Compact Command Performances
Polydor 530 104-2

Stevie Wonder
Essential Stevie Wonder
Polydor 530 047-2

Stevie Wonder
Greatest Hits Vol. I
Polydor 530 212-2

Stevie Wonder
Greatest Hits Vol. II
Polydor 530 213-2

Stevie Wonder
Selections
Polydor 530 030-2

CD-Sampler

Various
British Motown Chartbusters Vol. 1
Polydor 530 066-2

Various
British Motown Chartbusters Vol. 2
Polydor 530 067-2

Various
Every Great Motown Song Vol. 1
Polydor 530 114-2

Various
Every Great Motown Song Vol. 2
Polydor 530 113-2

Various
Hitsville
Polydor 530 262-2

Various
Motown Chartbusters Vol. 3
Polydor 530 068-2

Various
Motown Chartbusters Vol. 4
Polydor 530 059-2

Various
Motown Chartbusters Vol. 5
Polydor 530 060-2

Various
Motown Chartbusters Vol. 6
Polydor 530 061-2

Various
Motown Chartbusters Vol. 7
Polydor 530 062-2

Various Motown's Greatest Love Songs
Polydor 530 006-2

Various
25 US No. 1 Hits From 25 Years
Polydor 530 032-2

Literatur

- Brown Ashley/Heatley, Michael (Ed.), *The Motown-Story*. London 1985.
- Brown, James/Tucker, Bruce, *James Brown - Godfather of Soul*. Wien 1993.
- Charles, Ray/Ritz, David, *Brother Ray*. New York 1992.
- Cohn, Nik, *AWopBopaLooBop ALopBamBoom*. Pop History. Reinbek 1969.
- Cohn, Nik/Peellaert, Guy, *Rock Dreams*. München 1982.
- Cosgrove, Stuart, *Soul + Boxen. Requiem für einen Schwergewichtler*. Spex 12/1985, S. 51-53.
- Davis, Sharon, *Marvin Gaye - I Heard It Through The Grapevine*. Edinburgh 1992.
- Dies., *Motown. The History*. London 1988.
- Döpfner, M.O.C./Garms, Thomas, *Erotik in der Musik*. Frankfurt; Berlin 1986
- Hündgen, Gerald *(Herg.), Chasin' A Dream*. Köln 1989.
- Ertl, Franz, *Soul-Diktionär. Von Rhythm & Blues bis Funk*. Köln 1987.
- Fong-Torres, Ben, *The Motown Album*. New York 1990.
- George, Nelson, *Where Did Our Love Go? The Rise & Fall of the Motown Sound*. New York 1985.
- Ders., *Der Tod des Rhythm & Blues*. Wien 1990.
- Gillett, Charlie, *The Sound Of The City*. Frankfurt 1978.
- Greig, Charlotte, *Will You Still Love Me Tomorrow? Mädchenbands von den 50er Jahren bis heute*. Reinbek 1991.
- Hirshey, Gerri, *Nowhere to Run. The story of soul music*. London 1984.
- Jackson, Michael, *Moonwalk*. München 1988.
- Miller, Jim (Hrsg.), *Rolling Stone. Bildgeschichte der Rockmusik. Band 1 u. 2*. Reinbek 1979.
- *Motown 25: Yesterday - Today - Forever*. MGM Video 1983.
- Ross, Diana, *Mein Leben*. München 1994.
- Ritz, David, *Divided Soul. The Life Of Marvin Gaye*. New York 1991.
- Robinson, Smokey/Ritz, David, *Smokey. Inside My Life*. New York u.a. 1989.
- Shaw, Arnold, *Rock'n'Roll. Die Stars, die Musik und die Mythen der 50er Jahre*. Reinbek 1981.
- Shaw, Arnold, Soul. *Von den Anfängen des Blues zu den Hits aus Memphis und Philadelphia*. Reinbek 1980.

- Sidran, Ben, *Black Talk. Schwarze Musik - die andere Kultur im weißen Amerika.* Hofheim 1985.
- Singleton, Raynomer/*Gordy, Berry, Me and Motown*. London 1993.
- Schmidt-Joos, Siegfried (Hrsg.), *Idole 3. Hits aus dem Ghetto: Ray Charles, Stevie Wonder, Bob Marley, Michael Jackson*. Frankfurt; Berlin 1984.
- Swenson, John, *Stevie Wonder*. London 1990.
- Taraborelli, J. Randy, *Call Her Miss Ross. The Unauthorized Biography Of Diana Ross.* New York 1989.
- Turner, Tony/Aria, Barbara, *All That Glittered. My Life With The Supremes.* New York 1990.
- Williams, Otis, *Temptations. A Biography*. New York 1989.
- Wilson, Mary, *Dreamgirl - My Life As A Supreme*. London 1988.

Drei persönliche Tips:

Das schönste Bilderbuch ist *The Motown Album* von Ben Fong-Torres,

das detailreichste Buch Sharon Davis' *Motown - The History* und

das kritischste und liebevollste natürlich *Where Did Our Love Go?* vom unübertroffenen Nelson George. (Wann übersetzt endlich mal jemand das Buch ins Deutsche!?)

Horst Peter Meyer

Geboren 1957 in Verden an der Aller, renitentes und widerborstiges Kind, verweigert früh die Aufnahme von Fleisch sowie Zahnarztbesuche. Eine Haltung, die auch die Pubertät sowie spätere Jahre bestimmt. In Opposition zum Musikgeschmack seiner Altersgenossen, die Led Zeppelin, Pink Floyd oder Van Der Graaf Generator bevorzugen, ausgeprägtes Interesse am Wohlklang der Beatles inklusive ihrer solistischen Aktivitäten, Phillysound und 70er Jahre Pop.

Ab 1976 Studien der Theologie, Germanistik und Publizistik in Göttingen. Ab 1986 erste journalistische Gehversuche, Taxifahrer, erwachendes Interesse für Soul. Zunächst Memphis/*Stax*, dann Ray Charles, Curtis Mayfield und *Motown*. Häufige Flohmarktbesuche. Redakteur im Stadtmagazinbereich, Schwerpunkt Musik, Öffentlichkeitsarbeit für Konzertveranstalter. Ab 1987 zunächst zögerliche, später zielgerichtete Sammlung von Textmaterialien zu schwarzer Musik, Schwerpunkt *Motown*. Seit 1991 freier Journalist, Wohnsitz seit 1992 im ostwestfälischen Rheda-Wiedenbrück.

Unverheiratet, keine Kinder, Raucher, Biertrinker und Krimileser aus tiefer innerer Überzeugung